莊子 內篇 新解讀

韓廷一 · 注譯

代序

讀莊子，喜獲逍遙人生

韓德彥

　　我在《心輔特快車》一書中，曾提到一則莊子如何幫助我解決人生困境的故事……

　　民國九十年我入伍服預官役，新訓與政戰官科訓練結束後，我抽籤到桃園的一個步兵旅擔任輔導老師，從事基層軍旅心輔工作。兩個月後，陸總部長官得知我學、經歷不錯，希望我能發揮所長，到總部從政策面提昇官兵心理衛生。我心中想的是，報效國家的機會來了！我要竭盡所能，把過去學到的憂鬱與自殺防治的相關知識與技術，好好用來服務全軍弟兄。

　　然而去了幾天，我發現事情全然不是當初想像中的樣子。長官要我統計一些瑣碎的行政數據，做一些沒有實質效益的表面工作──這些一般文書兵就可以完成的工作，他們卻要我們這群台大畢業的碩士去做！此外，這些長官雖然也都是心輔官，但諷刺的是，他們一樣用各種手段，「刁」我們這幾位高學歷的預官輔導老師。我的心情盪到了谷底，寢食難安，痛苦不已。我多麼希望能再回到基層部隊，做最實際的心理諮商工作。

　　所幸，那時我恰好讀到《莊子・秋水篇》中的「神龜」

故事，我充分體會「寧生而曳尾於塗中」的真義。原來，爬得越高並不會帶來越多快樂；認真踏實當個凡夫俗子，才是人生最大幸福。

退伍後，回到第一線臨床醫療崗位，我又進一步細讀《莊子》，發現這些哲學思想不僅解決我自己的人生困境，也可以幫助很多病患解決生命苦痛。

莊子寓言，引領人生

現代人生活壓力大，焦慮、憂鬱、自殺等心理問題愈來愈嚴重。《莊子》寓言中的許多故事，可以用來幫助現代人做好「壓力管理」。

例如：《莊子》「無用之用乃大用」的悖論哲學，幫助憂鬱、焦慮患者跳脫好壞二分、追求完美的思考模式，不僅讓他們視野提昇，跳出框框；更讓他們心胸放寬，停止「鑽牛角尖」。

或許您在讀了「不才之樹能存活，不鳴之雁遭烹殺」的故事後，會認為莊子沒「擔當」，對於到底該「有用」還是「無用」，居然給了個模稜兩可的答案！但我以臨床心理師的身分提醒您，當您企圖找規則的時候，已經陷入了「不是黑，就是白」的完美主義迷思，這可是心理疾病的一項重要風險因子。

我在桃園榮民醫院開設「心情門診」，門診裡有些個案呈現明顯好高騖遠特性，總是計畫著要去從事什麼大買賣，完全不顧現實。我常會提醒他們「鷦鷯巢於深林，不過一

枝；偃鼠飲河，不過滿腹」，期望他們清楚看到自己的真正需求，別被名利迷惑。想想看，您是否也常因內心慾念作祟，弄得患得患失，心神不寧？

「支離疏」頤隱於臍，肩高於頂，其體位不僅列為「丁」，每個月還可請領殘障補助！然而，他修補舊衣，足以餬口，他安養天年，對身形不以為意。我的門診個案裡，有太多人每天只看到自己負面的東西，卻不曾珍惜自己所擁有的正面事物。

現代人的一項通病是愛比較。「大鵬鳥與小山雀」的寓言提醒我們，每個人的志向、條件、才能各自不同，既不用妄自菲薄，也不要志得意滿。另外，當你一貧如洗，而鄰居前來炫耀時，你可以很自在地告訴他「曹商舐痔」的故事，拒絕和他玩「人比人，氣死人」的遊戲。

韓教授在這本書裡的每一則小故事，都可讓您再三品味，進而體會人生意義！

學校教育，欠缺老莊思想

流行病學調查發現，台灣地區自殺率十年內驟增兩倍，初次罹患憂鬱症的年齡也越來越低。我認為學生們若修習老莊思想，將能幫助他們走出人生困境，降低憂鬱自殺比率。

過去正統學校教育裡，總是獨尊儒術，避談老莊，似乎擔心學生念了老莊哲學，就不再積極上進。事實上，老子、莊子看清人生真相，反讓我們積極務實為生命負責。我們可以順著本性去開展人生，不讓父母用「儵忽鑿孔」的手段殘

害「混沌」。

從小我有很多機會從韓教授(家父)的身教、言教之中，領略老莊思想之美。我不曾被逼去學樂器、補習或重考，我反而自己學會吹口琴、彈吉他，進建中、上台大。

父親的老莊風範，讓我懂得在人生路上適時踩油門、踩煞車，因此我至今仍對自己的生活方式感到滿意，而不會出現身心失調等症狀。身為讀者的您，雖不像我這樣幸運能與作者長相左右，但韓教授已將他的思想精華全都展現在他一系列著作裡了，若要生命過得更好，可從韓教授的著述裡，尋得無價之寶。

莊子思想，不僅幫助我自己解決生命困頓，同時也讓我採用更具文化親近性的方式來幫助我的個案。過去我不明白「通識教育」有什麼用，如今我真正體會「無用之用乃大用」的真諦！期盼讀者諸君，在我這篇文章的引導之下，不僅更加認識莊子，並藉由他的思想，幫助您自己獲得灑脫自在的逍遙生活。

※本文作者為韓家三子，桃園榮民醫院精神科、安寧病房臨床心理師，曾任台大學生輔導中心與陸總部心理衛生中心輔導老師，目前攻讀台大臨床心理博士中，著有《心理癒療DIY》(時報)、《心輔特快車》(黎明)、《憂鬱為何不就醫》(時報)等書，並在漢聲電台「生活易開罐」節目「輕鬆生活」單元裡擔任主講來賓。您若有任何心理問題，歡迎e-mail到handeyan@yahoo.com詢問。

目錄

訪談篇

有用之用，是無用；無用之用，乃大用
～莊子訪問記～

　　莊子名周，字子休，戰國時代宋國蒙（今河南省商丘）人。商丘地當河南、山東、江蘇、安徽四省交界，地處南北交通孔道，山明水秀，人文薈萃。利之所在，弊亦隨之而來。宋小國也，夾在魏、楚、齊三強之中，自古即為兵家必爭之地。此來彼往、起起落落、生生死死、興亡盛衰，年復一年，交替循環著，永不止息。

　　就在這個大時代中，本文的主人公應運而生。他看透生死，他樂天安命，他鄙棄世俗，他無視於「鬼神」的威權。什麼國家？什麼聖賢？榮耀、富貴、權利、義務……他都視如糞土。他逍遙自在，率性而為，與天地萬物合而為一。《國文天地》記者，透過特殊管道，一訪莊子，暢談他的人生哲學。

　　他想玄思虛，企圖置身於塵世之外，欲與造物同遊，因而有〈逍遙遊〉；他嫉憤人世間善惡不分，苦樂不平，因而有〈齊物論〉；他窮苦出身，食不果腹、衣不蔽體，怨也無用，嘆也枉然，深悟「有用之用是無用，無用之用乃大用」，只有順其自然，自得其樂，因而作〈養生論〉與〈人

間世〉；他有感於生活之無奈，生命之無常，只求內心之自
在，德業之永恆，因而有〈德充符〉與〈大宗師〉之作。

一、非魚，卻知魚的快樂

記：嗨！莊周先生，好久不見，您這一向可好？

莊：我和惠施剛從野柳回來，不歡而散。

記：怎麼回事？

莊：我們約好早上一起去「海洋博物館」看海豚表演。
我看那海豚面帶微笑，優哉游哉地表演著，我情不自禁地喊
出：「你看那魚兒，多麼愉快啊！」

記：至少表面上看來是的。

莊：結果，「我的朋友」，槓子頭的惠施說：「你又不
是魚兒，怎麼知道魚兒快樂？」

記：對啊！

莊：同樣的！你又不是我，怎麼曉得我不知道魚兒的快
樂？

記：說得也是！

莊：惠施辯說：「因為我不是你，我承認不知道你；同
樣的，因為你不是魚，所以你應該也不知道魚是否快樂才
對！」

記：什麼你知道，我知道的，我都被您們兩人搞糊塗
了。

莊：其實，當惠施說：「你怎麼知道魚兒是快樂？」的
時候，已經表示知道我的意思，那麼，我當然知道魚兒是快

樂的。

記：這叫「同理可證」！

莊：記者先生，你評評理看，我們兩人到底誰對？誰錯？

記：您們倆誰都對，也誰都錯。

莊：你這也未免太阿Q了！簡直是非不明嘛！

記：基本上您們兩人是「道不同不相為謀」，所以才整天抬槓不休。

莊：怎麼說？

記：您是個「觀念論」者（Idealism）。以世界為吾人心靈之反映，有藝術家、文學家之傾向；換句話說，認為整個世界乃依吾人之主觀而存在。

莊：那惠子呢？

記：他是個「實在論」（Realism）者。以世界為客觀的獨立存在之事實，有政治家、社會家之傾向；換句話說，認為整個世界與吾人主觀認識無關。

莊：原來如此！我真的錯怪了他！

記：怎麼回事？

莊：老朋友惠施在梁國當宰相，我跑去看他，結果他嚇得要死。派人在全國上下搜索了三天三夜。最後派人盯哨。

記：幹嘛他這麼嚴陣以待？

莊：事後才知道他怕我篡他的相位。

記：其實呢？

莊：我看那「相位」比隻死老鼠的臭肉都不如，避之唯

恐不及。

記：Really！

二、寧做活龜　不做神龜

莊：我常在濮水邊釣魚。

記：聽說釣多了，您還會放回河中？

莊：對，夠吃就行了。

記：您不會留著明天吃啊？

莊：明天的事明天再說吧！我從來不想明天的事。

記：為什麼？

莊：因為明天是個未知數。是否活著還不知道咧！

記：在濮水釣魚，該不至於下水與魚同游罷！

莊：有一天楚威王派了兩位大臣，說威王有意請我當宰相。

記：您去了？

莊：我隨手指了一隻正在泥沼中爬行的烏龜說：「假如你是一隻烏龜的話，你願意被砍頭、抽筋、剝皮、剔肉，然後再燒烤，成為一隻能決定別人吉、凶、休、咎的神龜？還是願意拖著尾巴在泥濘中自由自在地爬行？」

記：這隻神龜也未免太離譜了，連自己都生死未卜，還要卜別人的吉凶？

莊：他們兩人聽了以後，自討沒趣地跑回去了。

記：像您這樣，每天釣魚、觀魚，不務正業，也不求官出仕，您的生活一定不會好過到哪裡吧？

莊：有一次我家斷炊好幾天，只好到監河侯處借米。

記：監河侯是很肥的職缺，他一定很爽快地答應借米給您。

莊：他竟然跟我說：「等我收完年租，到時我會借給您一百兩黃金，您該夠了吧！」

記：那遠水怎麼救得了近火呢？

莊：這好比大路上車轍中，有條鯽魚正唔唔開闔，希望得到升斗之水，賴以活命；我卻告訴他，等我旅行到南方魚米之鄉吳越等地，稟告國王，教他們挖條運河導引西江之水，來迎接你，如何？

記：那您還不如早一點到鹹魚市場找他算了；同樣的是推託之詞，毫無意義。

莊：有次我穿著一件一補再補的粗布大衣，腳下趿著一雙前面開口，後跟露踵，用麻繩綁著鞋面的鞋子，去見魏王。魏王劈頭就問我：「先生怎麼這麼疲憊啊！」

記：這款「前門賣生薑，後門賣雞蛋」的「涼鞋」現在很流行噢！原來是您發明的？

莊：我告訴魏王說：「我是貧窮而非疲憊。」

記：兩者又有什麼不同？

莊：前者衣弊履穿、人窮志不窮；後者遭時不遇、道德不行，才是人窮志疲。

記：而且賢德才智之士之窮疲，乃昏君亂象之恥辱。

三、朋友只是吹牛的對象

莊：我有個朋友叫曹商。

記：他很有錢嗎？

莊：你怎麼知道？

記：您無視於物質生活的追逐，只求精神生活之富裕。
而您的朋友像惠施身任梁國宰相；宋國的太宰蕩（名盈）也
是您的好友；還有住在東門口的東郭子，也是個有頭有臉的
人……。

莊：有一次宋國派曹商出使秦國。出發的時候，宋王給
他的只是幾輛車子，回來時帶了秦王賞給他的百輛車子。

記：他回國後，向您示威？

莊：曹商對我說：「一簞食、一瓢飲，住在陋巷，窮得
織草鞋度日，餓得臉黃肌瘦，脖子枯槁。這！我可辦不到；
但是見了萬乘之國的國君，使他一高興，贈予百輛兵車，這
可是我的專長啊！」

記：這人比人，豈不氣死人！

莊：我聽了以後，立刻彈了回去：「我聽說秦王得了惡
臭的痔瘡，於是對外宣布：凡能替他擠破痔瘡引血出膿，就
可得到一輛兵車，若能用舌頭舔他的痔瘡，吸出膿皰，就可
得到五輛兵車。你竟然能得到百輛兵車，可見不知為秦王做
了什麼樣見不得人的骯髒事。」

記：朋友嘛！本來就是個吹牛的對象而已，而您偏偏要
觸人霉頭，掃人家的興！

　　莊：我始終認為「朋友只是個屁！」，當他得意時，三不五時就到你面前來吹牛；當你窮困時，他就像躲「腸病毒」一樣地，唯恐避之不及；當你已斷炊三天，向他借米貸粟時，他會說等明年收租時，可以借你一萬擔的風涼話。

　　記：人與人之間，本來就是彼此彼此，難得糊塗一番；而您卻如此認真，難怪您一個朋友都沒有！

　　莊：你對朋友可是犯了健忘症！我可是頭腦清楚得很！

　　記：總之，您太聰明了；我可是「難得糊塗」！

　　莊：我們不談這些惱人的「友誼不友誼」好嗎？

四、無視生死　鼓盆而歌

　　記：談談您的婚姻如何？聽說您的婚姻生活非常地不美滿！

　　莊：誰告訴你的？

　　記：要不然您的太太一死，您便蹲在大廳裡，敲著臉盆而高歌？人家為您生兒育女，沒有功勞也有苦勞；半輩子跟著您吃苦受罪，就算沒有苦勞也有疲勞，您不痛哭流涕也罷，怎麼還忍心打鼓作樂呢！

　　莊：內人剛死時，我的確有一陣悲哀襲上心頭，可是繼而一想：人生到底有什麼樂趣，「生」時做牛、做馬苦一輩子，「老」「病」更是痛苦不堪，只有「死」時才得安息。

　　記：是永遠的安息嗎？

　　莊：也不見得，生、老、病、死有如春、夏、秋、冬四時之運行，既無可悲，亦不可喜。往往換個環境反而有點新

鮮感。

記：會不會有時候死比生還好？

莊：其實死有什麼可怕的，死亡往往是個永恆之美，從此不必害怕無道帝王的管制，不必納稅，沒有徭役；更不用憂慮四時風雨雷電，水火、澇旱、地震之災……。

記：生活在現代的人，似乎有著更多的煩惱：一會兒怕中共射導彈，一會兒又怕台幣貶值，股票一瀉千里；永遠還不完的房貸、信用卡帳單、紅白帖子、兒女債……；還有，車子被拖吊，罰一千八，簡直比割肉還心疼。

莊：生是死的延續，而死更是生的開端。就我的觀點無非「方生方死，方死方生」八個字而已。

記：這麼說來，您把生和死看做一回事，生即是死，死即是生！

莊：生與死只是一口氣之差而已。

記：怎麼說？

莊：人之生，氣之聚也；聚則為生，散則為死，死生相繼，又有什麼可怕啊！

記：那您死的時候，是否像孔丘那樣，要求慎終追遠，葬之厚，祭之豐。

莊：不必了！我以天地為棺槨，以日月為連璧，以星辰為珠璣，以萬物為齎送。上述四大陪葬，已夠我死後哀榮，我還敢要求什麼？

記：沒有棺槨，露天的屍體讓烏鴉吃了怎麼辦？

莊：埋在棺材裡，最後還不是給蟲蝕蟻蛀的，你又何必

把我的屍體從烏鴉嘴裡搶來送給蟲蟻呢！取此予彼，豈不太不公平了。

記：中國是個農耕民族，標準的土裡來！土裡去！所以實施土葬；英國人海洋民族，實行海葬；印地安人與西藏人他們是狩獵民族，實施天葬；印度人水裡來火裡去，所以他們實施火葬與水葬（把屍體丟進恆河、印度河中）。

莊：因此我的「死法」也沒什麼好大驚小怪的。

記：新加坡資政李光耀先生，他在生前已簽好「器官捐贈卡」，死時在捐完有用器官後準備蹲踞裸葬在公園內，上面再種一棵樹作紀念——這叫「樹葬」！。

莊：記者先生，你將來希望什麼死法？

記：應「觀眾的要求」，我將來老到不能行走時，準備買張票搭〈愛之船〉，找個雲淡風輕、水波不興的夜晚，脫去衣裳跳海。

莊：幹嘛這麼悲觀？

記：我這輩子最喜歡吃魚，一生吃了不知多少魚兒，無以報答，最後只好捐軀報魚恩了。

五、有用之用，是無用；無用之用，乃大用。

記：孔子說：「邦有道，貧且賤焉，恥也……。」您這輩子都沒有通達過；看樣子，您是個「沒路用」的人。

莊：什麼叫有用？又什麼叫無用？

記：有人欣賞，得而出仕，飛黃騰踏就是有用；沒有人欣賞，沒沒無聞，鬱卒一世，就是無用。

莊：齊國曲轅地方有棵大櫟樹，這棵樹大到可以供幾千頭牛遮蔭，樹幹有百尺粗，樹身高過小山頭，樹枝粗到可以造船，但是木匠連看都不看一眼。

記：為什麼？

莊：這是一棵「散木」樹，用它造船，船會沉；用它做棺木，一定快腐爛；用它造器具，很容易折毀；用它做門檻、屋柱，一定被蟲蛀蝕。

記：這麼說來，這是一棵沒用的樹。

莊：就是因為沒有用，所以這樹才能長得這麼高大、這麼長壽。

記：這就是您所說的「無用之用乃大用」的道理。

莊：因此他成全了自己。

記：其他成材的樹，反而全部被砍了！

莊：這就是「有用之用是無用」哲學。

記：就像我去成功嶺受訓時，連長在第一天報到時，就調查個人才藝。

莊：什麼叫「個人才藝」？

記：譬如說會寫作、懂得室內設計、會辯論、會畫壁報啦！

莊：你都會？

記：我填表時全打勾，我認為這是我為國報效的最大光榮！

莊：結果呢？

記：那十二週過著非人的生活：白天照樣出操，晚上別

人已休息，我還在孤燈下趕壁報、寫海報、練演講、布置中山室……累得簡直像隻狗一樣。

莊：這你就不懂「無用」之最高效用。

記：後來服預備軍官役時，分發到營部；我跟營長說，我是個書呆子，除了會背書外，什麼都不會。

莊：結果呢？

記：營長得意地笑了，說：你看這個高考及格的、國立大學第一名畢業的高材生，什麼都不會，還不如我這個陸官專修班的……。

莊：你也很得意地笑了！

記：我得意的是服兵役那一年是我一生最瀟灑的一年。

莊：怎麼個瀟灑法？

記：整天「結乎捶捶，呷乎肥肥，穿乎水水，等領薪水。」每天過得快樂的不得了。

莊：你已經很上「道」了，我願意收你作徒弟。

記：真的？那太好了！先喊您一聲老師再說。

莊：不過……。

記：不過怎樣？

莊：有時候你還得表現出很有用的樣子！

記：怎麼說？

莊：有一次我去登山，下山時在一個朋友家住宿過夜，朋友好高興叫傭人烤雁子（天鵝）招待我。傭人說，一隻雁子會叫，另一隻不會叫，要殺哪一隻？

記：當然殺那隻會叫的囉！吵死了。

莊：因為那隻不會叫的，不能當警戒用，所以把牠殺了。

記：夫子在山上看到許多樹木，因為成材而被砍伐；現在到了山下農莊，這隻雁子卻因為沒用而遭殺身之禍。我今後到底要表現有用？還是無用。

莊：那得看情形而定，有時表現出很有用的樣子，有時卻必須表現沒有用的樣子，以趨吉避凶。

記：廢話！您說這話等於沒說。

莊：……！

記：還有您鄙視名、利，無視於帝王、將、相。一生都在逃名、逃官，自鳴清高。

莊：我覺得名和利真是累贅。每天見一些不願見的人；做一些不願做的事；說一些不願說的話；開一些不想開的會……。

記：真的逃得了嗎？

莊：除了年輕時當過植物園（漆園）園長之外，從此終身未擔任任何公職。

記：您知道您被唐玄宗封為「南華真人」，您的著作《莊子》叫《南華經》嗎？

莊：啊！累死我啦！我竟然變成御用哲學家了。

記：這是您始料未及的！

篇　旨

　　莊子〈內篇〉七章，乃《莊子》全書綱領。其餘〈外篇〉十五章、〈雜篇〉十一章，都是解析這七章的。

　　〈內篇〉可信是莊子原作，外、雜各篇，或為弟子所錄，或為後人偽託，對莊子原作多所發揮，不應忽視，如〈外篇〉：〈在宥〉、〈天地〉、〈天道〉、〈天運〉、〈秋水〉各章，對於莊學別有精義在焉。

《第一章》

逍遙人生

〈章旨〉

「天命之謂性，率性之謂道……。」（《中庸》）世事茫茫，光陰有限，算來何必奔忙，到頭來昏頭轉向；人生碌碌，競短論長，卻是枯榮有數，得失難量。」是故達道之士，任天之理，應人之情，順物之性；不以物喜，不以己悲；不欲役人，不物於物；狂放自得，瀟灑自在；進退自如，所造皆適，是為逍遙。

人生在世，不過短短數十載，何不「各盡所能，各取所需」，竭其所能而動；能力不足，不作分外之求，乃能悠然其心，無時無處而不自得也。

倘若吾人已盡各人之性能，則大鵬之水擊三千里，扶搖九萬里；蜩鳩之搶榆枋、躍蓬蒿之間，雖有高下遠近之別，卻是一樣的逍遙，不要比來比去。世俗所謂的有用、偉大者，往往自我致困；世之無用或渺小者，往往不受大環境的影響，自得其樂，別有天地。

正是：「春有百花秋有月，夏有涼風冬有雪；若無閒事在心頭，俱是人生好時節。」（宋·無門和尚·〈頌〉）

然而，吾等鄙陋流俗之人則不然，常作分外要求，正所謂「一日有所待，整月有所待，全年有所待，終生有所待」，甚而連死後之未知數尚有所待；所待者何？不外待名又待利，待之不得則訴之以爭奪，爭之不得或父子反目、兄弟相仇；或憂煩鬱卒，哀鳴不已，如此人生，則不得逍遙矣！

第 ◇一◇ 節

大鵬鳥與小山雀

一 原　文

北冥有魚，其名為鯤。

鯤之大，不知其幾千里也。

化而為鳥，其名為鵬。

鵬之背，不知其幾千里也；

怒而飛，其翼若垂天之雲。

是鳥也，海運則將徙於南冥；南冥者，天池也。

「鵬之徙於南冥也，水擊三千里，摶扶搖而上者九萬里，去以六月息者也。」

　　　蜩ㄊㄧㄠ與ㄩˇ學ㄒㄩㄝˊ鳩ㄐㄧㄡ笑ㄒㄧㄠˋ之ㄓ曰ㄩㄝ：「我ㄜˇ決ㄐㄩㄝ起ㄑㄧˇ而ㄦ飛ㄈㄟ，搶ㄑㄧㄤ榆ㄩˊ枋ㄈㄤ，時ㄕˊ則ㄗㄜˊ不ㄅㄨˋ至ㄓˋ而ㄦ控ㄎㄨㄥˋ於ㄩˊ地ㄉㄧˋ而ㄦ已ㄧˇ矣ㄧˇ。奚ㄒㄧ以ㄧˇ之ㄓ九ㄐㄧㄡˇ萬ㄨㄢˋ里ㄌㄧˇ而ㄦ南ㄋㄢˊ為ㄨㄟ？」適ㄕˋ莽ㄇㄤˇ蒼ㄘㄤ者ㄓㄜˇ三ㄙㄢ餐ㄘㄢ而ㄦ反ㄈㄢˇ，腹ㄈㄨˋ猶ㄧㄡˊ果ㄍㄨㄛˇ然ㄖㄢˊ，適ㄕˋ百ㄅㄞˇ里ㄌㄧˇ者ㄓㄜˇ宿ㄙㄨˋ舂ㄔㄨㄥ糧ㄌㄧㄤˊ，適ㄕˋ千ㄑㄧㄢ里ㄌㄧˇ者ㄓㄜˇ三ㄙㄢ月ㄩㄝˋ聚ㄐㄩˋ糧ㄌㄧㄤˊ之ㄓ二ㄦˋ蟲ㄔㄨㄥˊ，又ㄧㄡˋ何ㄏㄜˊ知ㄓ？

二 注 釋

1. **冥**：通溟，海也，以其溟溟無涯，水呈黑色。
2. **鯤**：凡未出者曰卵，已出者曰子，魚子未孵者曰鯤。
3. **垂天**：遮天、蔽天。
4. **搏**：拍。
5. **扶搖**：海中對流之空氣，由下而上曰扶搖。
6. **海運**：海風之運作。
7. **息**：風也。
8. **蜩**：蟬也。
9. **學鳩**：又叫鸒鳩，是一種山雀。
10. **決起**：奮起。
11. **榆、枋**：皆小樹也。
12. **時則**：或者。

13. **控**：投也；落也。

14. **奚**：何必。

15. **莽蒼**：青翠的原野。

三　語　譯

　　北海之中，有一魚子（卵），此魚子之大，不知有幾千里之大，孵化而為鵬鳥。這鵬鳥光是牠的背就有好幾千里之寬，這鵬鳥奮力而飛，牠的翅膀足以遮住半邊天。這鵬鳥每當海風運作時，就遷徙至南海；南海大得像一座天池。

　　當這隻鵬鳥往南海遷徙時，必須就著海面拍擊水面三千里，趁著東北季風的氣流，一挺而上，直上雲霄，離水面九萬多里。

　　寒蟬和小山雀，見到大鵬之高飛，就笑牠：「我們奮起而飛，不必等待季風，時而飛衝至榆枋之上；不然落地而息，何必要高升至九萬里，向南遠飛呢？」殊不知飛翔在蒼翠的原野，連三餐都可回家用膳，腹中永遠是飽的；飛百里就得備隔天的糧食；飛到千里之遠，就得準備三月之糧。

　　這兩個小東西，說什麼也不知道，林外有林，天外有天的世界，但求任能知足，不作分外之想，也是一種逍遙，樂在其中。

（四）說　明

　　大鵬有大鵬的眼界；小鳩有小鳩的世界。前者不可目中無人；後者也不可夜郎自大。

　　自然造化之奧妙，絕不是自詡「萬物之靈」的人類之智巧所能及，必也「守本分而安歲月，憑天理以度春秋」，方能喜樂養福，去殺遠禍。

　　有人抱著以天下國家為己任，誓言「時代考驗青年，青年創造時代」。結果呢？空忙一場，賫志以歿，衡諸五千年歷史，究竟有多少人創造了時代？改變了歷史？「五百年必有王者興」（孟子語），就「歷史巨人」看，那只不過是小丑跳梁，蹂躪百姓，糟蹋歷史而已。

　　有人認為人生只要「吃得飽（而且是七分飽而已）、睡得好」便已心滿意足。其實吃得飽、睡得好也不是那麼簡單，前者必須去貧；後者必須去欲（名、利之欲）。

　　親愛的讀者諸君，您保證您這輩子能衣食無缺，能吃得飽嗎？您每天都睡得很安穩嗎？

第 二 節
朝菌、寒蟬，靈龜、老椿

一　原　文

　　小知不及大知，小年不及大年，奚以知其然也？朝菌不知晦朔，蟪蛄不知春秋，此小年也。

　　楚之南有冥靈者，以五百歲為春，五百歲為秋；上古有大椿者，以八千歲為春，八千歲為秋，此大年也。

　　而彭祖乃今以久特聞，眾人匹之，不亦悲乎？

二　注　釋

1. **知**：智也。
2. **小年，大年**：短命，長命。
3. **奚以**：何以。
4. **晦朔**：晦，冥也；朔，且也。指初一、十五之日。
5. **朝菌**：菇菌類，天陰生糞上，見日則死。
6. **蟪蛄**：即寒蟬，春生夏死，夏生則秋死。
7. **冥靈、大椿**：皆木名也。
8. **春**：葉生為春。
9. **秋**：葉落為秋。
10. **彭祖**：姓籛名鏗，傳說中古之長壽者，享壽八百歲。
11. **匹**：匹敵，比較之意。

三　語　譯

　　智力淺陋的想像不及智力淵博者；同樣的，生命短暫的無法知曉年壽久遠的事。何以會如此呢？

　　菇菌，朝生暮死，因而不知有初一、十五；寒蟬，或春生夏死，或夏生秋死，怎麼會知道有四季的替換，這就是所謂的「小年」了。

　　楚國南方有一種叫「冥靈」的樹木，它葉生、葉落，每五百年才交替一次；上古時代有棵大椿樹，它每隔八千歲才

葉落、葉生，這就是所謂的「大年」了。

　　然而彭祖才活了八百歲，反以高壽聞名，大家競相比較，不是很悲哀嗎？

（四）　說　明

　　生命不在於長長久久，而在於曾經擁有。

　　何謂福、祿、壽、喜、富、貴？

　　無病無痛便是福，

　　飲食有味便是祿，

　　死得其時便是壽，

　　精神愉快便是喜，

　　生活無缺便是富，

　　不求於人便是貴。

　　擁有這六大福報，即或如朝菌之朝生暮死，如夏蟬之夏長秋殂，又有何傷？否則，即或如彭祖之八百壽，椿樹之八千齡，何樂之有？

第 ◇三◇ 節

列子御風

一 原文

　　夫列子御風而行，泠然善也，旬有五日而後反，彼於致福者，未數數然也；此雖免乎行，猶有所待者也。

　　若夫乘天地之正，而御六氣之辯，以遊無窮者，彼且惡乎待哉？

　　故曰：「至人無己，神人無功，聖人無名。」

二　注　釋

1. **列子**：即列御寇，春秋時鄭國思想家。
2. **御風**：乘風。
3. **泠然**：輕妙狀，飄飄然也。
4. **旬**：十天曰旬。
5. **反**：同返。
6. **致**：獲得。
7. **數數**：常常。
8. **然**：有，是。
9. **待**：依恃。
10. **正**：法則。
11. **御**：駕御。
12. **六氣**：陰、陽、風、雨、晦、明是謂六氣。
13. **辯**：變也。
14. **至人**：至德之人。
15. **神人**：神明之人。
16. **聖人**：聖哲之人。

三　語　譯

　　那列子乘風而行，真是輕鬆美妙極了，過了十五天才回來。然而得此風仙而行，也是少有的。乘風而行雖免於步

行，卻又不能無待於風。

　　至於順乎天地自然之道，應乎陰陽風雨晦明六氣之理，就可以漫遊於無朕天地間，而無須期待於其他了。

　　所以說：「至德之人，忘卻自身，無心用世；神明之人，忘卻求功，無心作為；聖哲之人，忘卻求名，無心勝人。」

（四）說　明

　　列子能御風而行，看似逍遙，但若無風，甚而逆風，他逍遙得起來嗎？人力與大自然比較，總是太渺小了，我們只能順著天地自然之道，絕不可自以為「人定勝天」。四十億年來，天還是原來的天，地也是原本的地，而人呢？早已屍骨不存，物是人非了。你以為老鷹、燕子真有能耐從北方飛到南方，再回北方？你以為烏魚真的南游又迴游？也不過是乘季風，順洋流之便罷了。

　　做人嘛！不但對人要謙虛，對大自然甚而對一株小草，一粒沙子都要謙虛，狂妄的猶太人，自詡為「上帝的選民」（The Chosen people of god）屢遭亡國之痛；自大的美國帝國主義，在韓戰、越戰、波灣……所受的歷史教訓還不夠多嗎？

第　四　節

至人無己、神人無功、聖人無名

一　原文

故夫知效一官，行比一鄉，德合一君，而徵一國者，其自視也亦若此矣，而宋榮子猶然笑之。

且舉世譽之而不加勸，舉世非之而不加沮，定乎內外之分，辯乎榮辱之竟，斯已矣，彼其於世，未數數然也，雖然，猶有未樹也。

夫列子御風而行，泠然善

也，旬有五日而後反，彼於致福者，未數數然也；此雖免乎行，猶有所待者也。若夫乘天地之正，而御六氣之辯，以遊無窮者，彼且惡乎待哉？

故曰：「至人無己，神人無功，聖人無名。」

若夫乘天地之正，而御六氣之辯，以遊無窮者，彼且惡乎待哉？故曰：「至人無己，神人無功，聖人無名。」

二 注釋

1. 知：才智。
2. 效：有效，效力。
3. 行：仁行。
4. 比：合。

5. **而**：能。

6. **徵**：徵信，取信於……。

7. **加勸**：受到鼓勵而高興、奮進。

8. **加沮**：遇到非難而沮喪、退縮。

9. **彼**：指宋榮子。

10. **數數然**：急急忙忙狀。

11. **樹**：建樹，意即豐功偉業。

12. **御**：駕御。

13. **泠然**：飄飄欲仙狀。

14. **反**：同「返」。

15. **致福者**：得到福助、福報的人。

16. **數數然**：常有的事。

17. **有所待者**：有所期待。

18. **正**：法則。

19. **六氣**：陰、陽、風、雨、晦、明六種天候。

20. **辯**：同「變」。

21. **己**：自己，我，我執。即老子「生而不有」之意。

22. **功**：功勞，作為。「為而不恃，功成而弗居」之意。

23. **名**：求名，即老子「萬物作焉而不辭」之意。

三　語　譯

　　因此之故，那些才智只夠勝任一官一職的；能行仁於一鄉一黨的；德業為君王所契合者；能力可取信於全國者，這

四種人雖各有各的成就與名望，可是他們的自視、自負與前述之蜩鳩鳥雀之自得自適，又有什麼不同呢？難怪宋榮子要嗤笑他們。

要堅定物我，內外之分別；要分辨榮辱、成敗之界限，即使全世界的人都讚譽他，也不會高興得奮進；即使全世界的人都非難他，也不會沮喪退縮。做人的本分不過如此而已。宋榮子對於世事的看法：從不急急忙忙的去追求什麼；雖然終其一生，也沒得什麼建樹。

那列子乘風而行，飄然輕妙之至，過了十五天後返還，他託風神之福，這不是常有的事；他雖然御風而行免於步行，但也得有所待風而行啊！

假如你能順應天地自然之道，駕御陰陽風雨晦明六氣之變幻，遊於無窮之天際，你就無待他求了。所以說：「至德之人，忘了我執，無心用世；神明之人，忘去立功，無心自矜；聖哲之人，不屑求名，無心自伐。

(四) 說　明

天地者，萬物之總名也。天地以萬物為體，而萬物必以自然為正。

以列禦寇之逍遙自在，亦必待風雲而行，況且吾等凡夫走卒之流。就像「你無法擊敗大海，你只能自我調適而已，因為它實在太大了。」（ "You cannot defeat the sea, it is too big, you can only adjust to it." ）一位立陶宛的風浪板玩家，林克維

休斯這麼說。

　　宇宙之間一切的變化運行，均乘天地自然之正理順應陰陽萬物之規則。故而老子曰：「聖人處無為之事，行不言之教。萬物作焉而不辭，生而不有，為而不恃，功成弗居。」（老子《道德經》第二章）

第 **五** 節

許由不受天下

一 原文

堯讓天下於許由；曰：「日月
出矣，而爝火不息，其於光也，不
亦難乎？時雨降矣，而猶浸灌，其
於澤也，不亦勞乎？夫子立而天
下治，而我猶尸之，吾自視缺然，
請致天下。」

許由曰：「子治天下，天下既
已治也，而我猶代子，吾將為名
乎？名者實之賓也。吾將為賓乎？
鷦鷯巢於深林，不過一枝，偃鼠

飲河，不過滿腹。歸休乎君！予無所用天下為！庖人雖不治庖，尸祝不越樽俎而代之矣。

二　注　釋

1. **堯**：古之聖君，姓伊祁，字放勳，號陶唐氏。依諡法：「翼善傳聖」曰堯。因其有傳位於舜之功也。

2. **許由**：字仲武，潁川陽城人，隱於箕山，歸於齧缺，依山而食，臨河而飲。堯知其賢，讓以帝位。許由聞之，臨河洗耳；巢父飲犢，牽而避之，曰：「污吾水也。」

3. **爝火**：猶言小火把。

4. **浸灌**：浸，泡也（漸進）；灌，溉也（聚集）。

5. **尸**：木主也，猶言尸位素餐。

6. **缺然**：歉然，沒有意思。

7. **致**：給予。

8. **賓**：客體。

9. **鷦鷯**：一種小鳥、山雀。

10. **偃鼠**：即鼴鼠，田鼠也。

11. **休**：休息，意即免了吧！

12. **庖**：古時叫廚子曰庖人。

13. **尸祝**：尸，木主也；祝，傳鬼神，言辭之人，即今人所謂

「廟公」。

14.**樽俎：**酒器曰樽，肉器曰俎，意指廚事。

三 語 譯

　　堯欲讓天下給許由，說：「日月都已升起了，幹嘛還點燃火炬，小火亦不足以照明；及時雨都已下降了，幹嘛還灌溉田土？豈非徒勞無功？你要是即了帝位，天下立刻大治，我今還主持政務，自覺慚愧，請把天下重任讓給你。」

　　許由回答說：「你治理天下，已經很完善了，我如果還代你做天子，是我要圖名嗎？名是實的客體，我是為圖這個客體虛名嗎？小鳥棲息林中，所佔的不過一根樹枝而已；田鼠飲用河水，也不過喝飽肚子而已。你饒了我罷，你仍然回去做你的君主，我要天下有何用？就如同廚子不下廚做飯，也犯不著叫廟公去燒飯啊！」

四 說 明

　　我們常說「名副其實」的話，真實的人生才是主，虛名是客。應該客隨主便，有了紮實的人生，就有了一切，世人往往為了追求虛名，高視一切，為心所拘，為世所累，役役營營，而委屈、放棄了自己，未能海闊天空，甚至毀滅了人生，多麼不值得啊！功名利祿一切的虛榮啊！你可真是個害人精啊！

第  節

越人文身

一　原　文

宋人資章甫而適諸越，越人斷髮文身，無所用之。堯治天下之民，平海內之政，往見四子藐姑射之山，汾水之陽。窅然喪其天下焉。

二　注　釋

1. **宋**：國名，武王伐紂後，封殷人微子等於今河南睢陽縣。
2. **資**：販也，從甲地買進貨物到乙地賣出曰販。
3. **章甫**：章者明也；甫者父也。殷時男子所戴之冠也，以明丈夫身分。又叫緇布冠。
4. **越人**：(1)民族名，居於長江、珠江流域，當今江、浙、閩、

　　粵、越南……之地，通稱百越，亦作百粵。

(2)古南方之國以越為大，自稱「於越」、「諸越」。自句踐六世
　孫無疆（戰國時）為楚所敗，諸子散處海上：在揚州者曰揚
　越，在漳泉者曰閩越，在永嘉者曰甌越，自灕湘而南曰西
　越，自牂牁西上（今廣西、貴州北盤江一帶）曰駱越（嘉慶
　一統志──安順府山川）。

5.文身：紋身也，熱帶民族不著衣，紋身以避禽獸之侵。

6.四子：傳說中，王倪、齧缺、被衣、許由等四賢人。

7.藐：遙遠狀。

8.窅然：悵然若失狀。

（三）語　譯

　　有個宋國人販了帽子、衣服到越地去賣，越人短髮紋
身，衣帽對之全無用處；堯治理天下，平定四海之後，前往
遙遠的姑射山（在汾水之北）訪四賢人。見到他們逍遙自
在，自得其樂的樣子，悵然若失，竟然把天下都忘了。

（四）說　明

　　衣服、帽子有使用價值嗎？得看地方！文明而寒冷的北
方有用，用以護體、取暖，代表身分；至於蠻荒、炎熱的南
方則不需要，他們只需斷髮文身，彩繪以圖涼快，並嚇阻禽
獸即可。

　　美國式的民主、自由、選舉有推行的必要嗎？在美、英、日等北方冷漠的地區也許可以，在台灣、菲律賓、印尼、越泰、北非、南美……等南方熱情地區可以嗎？美式民主所到之處，動亂隨之而來。

　　自由、民主、選舉……多少人假汝之名以行獨裁專制、放蕩之名。

　　美國人啊！你也想學宋國人、學唐堯，發揮「至人無己」、推己及人的心胸。美國人啊！你會害死人的。

第 ⟨七⟩ 節
惠施有個大葫蘆

一 原 文

惠子謂莊子曰：「魏王貽我大瓠之種，我樹之成而實五石，以盛水漿，其堅不能自舉也。剖之以為瓢，則瓠落無所容，非不呺然大也，吾為其無用而掊之。」

莊子曰：「夫子固拙於用大矣！宋人有善為不龜手之藥者，世世以洴澼絖為事；客聞之，請買其方百金。聚族而謀曰：「我世世為洴澼絖，不過數金；今一朝

而鬻技百金，請與之。」

客得之以說吳王。越有難，吳王使之將，冬與越人水戰，大敗越人，裂地而封之。

能不龜手一也；或以封，或不免於洴澼絖，則所用之異也。

今子有五石之瓠，何不慮以為大樽而浮乎江湖，而憂其瓠落無所容，則夫子猶有蓬之心也夫！

二　注釋

1. **惠施**：宋人，曾為梁惠王相，莊子好友之一，為名家（邏輯學）代表。

2. **魏王**：即魏惠王，因遷都大梁（今開封），又稱梁惠王。孟子曾見梁惠王，有過「義利之辯」。

3. **瓠**：葫蘆，即平日所吃之瓠瓜，閩南語叫蒲仔。

4. 樹：種之。

5. 瓢：瓠乾老後剖半，即成瓢，可作舀水用具。

6. 呺然：或作枵（ㄒㄠ）然，虛大的樣子。

7. 掊：擊破之。

8. 龜手：手足因凍裂，有如龜紋狀。

9. 湃澼絖：湃，浮也；澼，漂也；絖：絲絮也。意即漂洗絲絮。

10. 鬻：賣得。

11. 說：遊說，說服。

12. 慮：考慮。

13. 樽：酒器。

14. 蓬：蓬草，猶言心靈蒙蔽不開。

三 語　譯

　　惠施告訴莊子說：「魏王送我一顆大葫蘆的種子，我種了它，結成一個可以裝五石液體的果子，即使裝了水也舉不動，就算舉起也承受不了水的重力而破裂。我把它劈半成為瓢，這瓢也大得無處可舀水。並非它不夠大，反而因為太大而無可用之處。結果因為無用，我把它砸了。

　　莊子回說：「你真的不懂得使用大東西。宋國有個會製造護膚不使皸裂的藥膏。他家世代以漂洗織物為業。有個客人從遠方來，願出百金購買他的藥方。這個宋人乃與族人商量：「我家世代以漂洗為業，也賺不了多少錢；如今，賣此藥方，即可得百金，不如賣了。」

　　客人得此藥方，說動並獻計給吳王，是時越國適有內亂，吳王拜他為將，冬季與越人水戰，大敗越國，吳王乃封客以地。同一防皴的藥物，有人得之用以封邑，有人仍然從事漂洗工，這是用的對象不同，所得功效也不一樣。

　　現在，你有五石大的葫蘆，何不把它連結成「瓢筏」，浮行在江湖之上，逍遙又自在？你又為什麼想不開，還憂慮瓠瓢太大，而無所可用。

（四）　說　明　🌱

　　「有用」與「無用」是相對的，惠施一直以為葫蘆只能盛水用，豈知葫蘆也可以被水「盛」，當船用。

　　水可以裝在葫蘆內，卻也可以裝在葫蘆外，腦筋急轉彎，變無用為有用，轉累贅為便利。

　　同理，水可以載舟，水亦可以覆舟，操弄民主、操弄選舉之政客，何不三思斯語。

　　世俗所謂的「有用」者，往往導致困阨、毀滅、死亡……；世之「無用」者，或免遭於害，或得長命百歲千壽。

第〈八〉節
無用的樗樹

一 原文

惠子謂莊子曰：「吾有大樹，人謂之樗。其大本擁腫而不中繩墨；其小枝卷曲而不中規矩。立之塗，匠者不顧。今子之言，大而無用，眾所同去也。」

莊子曰：「子獨不見狸狌乎？卑身而伏，以候敖者；東西跳梁，不辟高下；中於機辟，死於罔罟。今夫斄牛，其大若垂天之雲，此能為大矣，而不能執鼠。

今子有大樹，患其無用，何不樹之於無何有之鄉，廣莫之野，彷徨乎無為其側，逍遙乎寢臥其下。不夭斤斧，物無害者，無所可用，安所困苦哉！」

二　注　釋

1. 樗：落葉喬木，皮粗、質鬆，葉有臭氣，又名臭椿，與櫟同為不才之木。
2. 擁腫：木瘤盤結狀，如癭老人狀。
3. 塗：途也，路旁。
4. 去：棄而不顧。
5. 狸狌：狸是貓，狌同鼬，即鼬鼠，俗名黃鼠狼。
6. 敖者：遨翔之物，雞鴨，松鼠類之動物。
7. 辟：同避。
8. 機辟：捕獸器之謂。
9. 網罟：獵捕鳥、魚之用具，即陷阱。
10. 犛牛：即旄牛。
11. 彷徨：盤桓其側。
12. 逍遙：優游其下。

三　語　譯

　　惠子同莊子說：「我有一棵人稱之為樗的大樹，它的樹幹木瘤盤結，擁腫不堪，雖用繩墨也量不出可用之「材」，而其枝幹又彎曲分叉，雖用規矩，也不能製成「材」。即使它生長在大路旁，匠人不會去理會它，就如同你所提出的理論，空洞而不實用，也和這棵樹一樣，為眾人所棄。」

　　莊子回答說：「君不見狐狸或野貓蹲伏在地上，等候來往的雞鼠，東跳西躍的忽上忽下，往往中機關，死在陷阱之中；那巨大的犛牛，遠遠看像天邊的一片雲，可是牠卻捉不住老鼠。

　　如今，你有這樣的一棵樹，由於它無用，何不把它種在空曠無人之處，你可以在樹的周圍盤桓流連，也可以逍遙地在樹根下睡覺，這棵樹既不妨礙他人，也不成材，也就免於遭到砍伐的苦惱。」

四　說　明

　　「有用之用是無用，無用之用乃大用」，這是莊子哲學的最高境界，君不見山上所有成材的樹木全被砍伐製成家具，落得樹命休矣！而那些中空的、歪斜的、曲扭的、分叉的奇形怪狀的，由於不成材，匠人不顧，才保留下，成為萬人景仰膜拜的「神木」。

　　反觀那些「有用」之木材，被砍被伐，或作桌椅或成棟
梁，不數年或數十年全數或毀棄，或腐爛，尋至消滅，這就
應了「有用之用，是無用」之語。

《第二章》

齊物眾生

〈章旨〉

　　莊子曰：「天地與我並生，萬物與我為一。」吾人當法天自強，畏天自修，養天自樂，事天自安，一切不假外求。此乃莊子之宇宙觀與人生觀。

　　哲學家們，推究吾人一生，不外生命的本質，在求平淡；生活的肯定，在求平凡；生存的價值，在求平隱。

　　莊子出身於植物學家——曾任漆園小吏，特重生態平衡之說，故而有齊物眾生之論。

　　他要求我們向植物學習：

　　1.莫言無辯：聖人不求強言，無須強辯，孔子亦有「天何言哉？四時行焉，百物生焉。」(《論語・陽貨》)之語。

　　2.無是非、無然否：大道純真無瑕，何有是非？何來然否？

　　3.無彼此，無貴賤：莊子之道，不分貴賤、彼此，故能和合眾人，世界大同；反之，一有彼此，一有貴賤，則互相仇視，相互抗拒。

　　4.無生死，無成毀：死亡乃另一生命的開始，出生乃死亡之轉世；「失敗為成功之母」，故而聖人齊生死，一粒種子落土毀滅，就是另一叢種子之成長。

　　是故天下一切事物言論，皆可作齊一看。

　　蓋萬物之外在形象，千變萬化，至為不齊；但究其「內象」，其本質、本源則是齊一互通的。正所謂「人同此心，心同此理。」齊物之道，乃在於忘我、喪我、無我，泯滅彼此間的區別。

第 ◇一◇ 節

人籟

一 原　文

　　南郭子綦隱机而坐，仰天而噓，荅焉似喪其耦。顏成子游立侍乎前，曰：「何居乎？形固可使如槁木，而心固可使如死灰乎？今之隱机者，非昔之隱机者也。」

　　子綦曰：「偃，不亦善乎，而問之也！今者吾喪我，女知之乎？女聞人籟而未聞地籟，女聞地籟而未聞天籟夫！」子游曰：「敢問其方。」

二 注　釋

1. **南郭子綦**：相傳為楚昭王之庶弟，姓芊，因居於南郭，故以南
郭為氏，字子綦，為莊子寓託之得道者。

2. **隱**：憑也。

3. **机**：今作几，茶几也。

4. **噓**：吐氣曰噓。

5. **荅**：通嗒（ㄊ），嗒然若失，一副落寞的樣子。

6. **耦**：⑴偶也，雙雙，匹對之意。此處乃指精神以形體為偶。
　　　　⑵寓也，寄託之意。神寄於身，故謂心以身為寓。

7. **顏成子游**：顏偃字子游。

8. **何居**：何故。

9. **而**：你。

10. **吾喪我**：真我喪失了偏執的我。

11. **籟**：本指簫，此處仍指聲音，音響。

12. **方**：方法，方術，細目。

三 語　譯

　　南郭子綦，依憑著几案而坐，仰天太息，嗒然若失，似
乎忘了自己的形骸，像似精神遠離軀體而去狀。他的學生子
游侍立於側，問道：「老師何以會如此？形體固然可以如同
枯木般，難道連心神都可如同死灰般嗎？老師您此刻靠著几

案而坐，與我先前所見的憑案而坐的神態，好像大有不同。」

　　子綦回答說：「偎啊，你問得妙！你可知道，我現在形體雖然靠在几案上，而我內心早已脫竅而去，忘卻了自我，成為超然狀態了，你曾聽過人籟，卻未曾聽過地籟；即或聽過地籟，一定從未聽過天籟罷！」子游說：「願聞其詳！」

（四）說　明

　　人有六根：眼（視根）、耳（聽根）、鼻（嗅根）、舌（味根）、身（觸根）、意（念根），即生六欲，七情（喜、怒、哀、懼、愛、惡、慾），是謂人籟。

　　關閉「人籟」，即達忘我境界，忘我之後，物我無間，物我無間，故能齊物，南郭子綦「吾喪我」，莊子之「夢蝶」，神遊六合之外皆達忘我境界。

第 二 節

地籟

一 原文

　　子綦曰：「夫大塊噫氣，其名為風。是唯無作，作則萬竅怒呺。而獨不聞之翏翏乎？山林之畏佳，大木百圍之竅穴，似鼻，似口，似耳，似枅，似圈，似臼，似洼者，似污者；激者，謞者，叱者，吸者，叫者，譹者，実者，咬者，前者唱于而隨者唱喁。泠風則小和，飄風則大和，厲風濟則眾竅為虛。而獨不見之調調，之

刁ㄉㄠ刁ㄉㄠ乎ㄏㄨ？」

二　注　釋

1. **大塊**：造物之名曰大塊，李白：「大塊假我以文章。」此指自然大地。

2. **噫氣**：流通。

3. **竅**：孔也。

4. **吗**：號也。

5. **寥寥**：即飂飂，風吹狀。

6. **畏**：通隈，指山陵之彎曲處。

7. **隹**：高翹有如短尾雀之隹。長尾下垂者曰鳥，短尾上翹者曰隹。

8. **枅**：柱上方木。

9. **圈**：指獸圈之欄杆。

10. **洼**：窪地，指深池子。

11. **污**：污泥之地，小池子。

12. **激**：水激之聲，清脆之音。

13. **謞**：飛箭之聲。

14. **叫**：高昂之聲。

15. **譹**：低濁之聲。

16. **宎**：吹往深谷之聲。

17. **咬**：哀切之聲。

18. **唱于、唱喁**：于、喁，相和之聲。
19. **濟**：停止。
20. **調調**：樹枝大動狀。
21. **刁刁**：樹枝微動狀。

三 語 譯

　　子綦說：「大地之上冷熱氣對流，產生風。這風不起則已，一起則大地上所有的洞穴都全感應，發出怒吼，你沒聽過颶風之於山陵之高下各處，百圍大樹之孔穴，就像人氣之於口、鼻、耳、目一樣，有的像圈圈、像舂臼，有的像深池、像淺窟。經風一吹，發出聲音，有如水之激聲、箭嘶聲；有粗重聲、細微聲；有高叫聲、低泣聲；有悠遠聲，有哀切聲。一唱一和，起小風發小音，起大風發大聲。當颶風一停，一切聲音，均停止。你難道不曾看見颶風過後，只有樹枝還在抖動嗎？」

四 說 明

　　大地的朝暮、陰陽，風雲，雨露，霜雪、雷電，何嘗不是地籟；不得其時，即刻造成水、旱、蟲、土石流之災害。
　　與大地共生，與萬物共存，適應自然而非「征服」自然，「天籟」就不至於反撲。
　　「人為萬物之靈」，「人定勝天」，「青年創造時代」

……這是獨裁者操弄群眾的神咒魔語，其實這些唯恐天下不亂的政客，才是我們真正的敵人。

第 三 節

天籟

(一) 原 文

　　子游曰：「地籟則眾竅是已，人籟則比竹是已。敢問天籟。」

　　子綦曰：「夫吹萬不同，而使其自已也，咸其自取，怒者其誰邪！」

(二) 注 釋

1. 籟：從管樂器所吹出的聲音，大者曰笙（六孔），中者曰籟（三孔），小者曰籥（小孔）。
2. 吹：吹的聲響。
3. 萬：千萬種。
4. 自取：自得也。

三　語　譯

　　子游說：「所謂地籟，乃是風吹大地之穴而發出的聲響；所謂人籟，乃是人吹管樂之器所發出的樂音，請問老師何謂天籟？」

　　子綦說：「大地上萬千孔穴，都可稱之為地籟，彼等必待風起方能發出音響，這使之發出音響的風，便是天籟。」

四　說　明

　　簫笛管筒等，必待人之吹奏，方得樂音；同樣的，大地山林的洞、穴、坑、窟，亦待風吹，方得生氣；反之，若無簫笛管筒，若無洞、穴、坑、窟，儘管「吹風」，亦無樂音之產生。此「天地與我並生，萬物與我為一」之意。

　　人吹的簫聲，有喜怒哀樂之別？大地山林的風聲，是否也有喜怒哀樂之分？用「人」去聽當然有；用「自然」去聽也就沒有。「感時花濺淚，恨別鳥驚心。」（〈春望〉）杜甫早就告訴我們這一「人的感應」。

　　當天地反撲時，人的感應就來不及了，只有死路一條，此謂之：「天怒人怨」。

第 ◇四◇ 節
大知、小知

㊀ 原 文

　　大知閑閑，小知閒閒；大言
炎炎，小言詹詹。

　　其寐也魂交，其覺也形開，
與接為搆，日以心鬥。縵者，窖
者，密者。小恐惴惴，大恐縵縵。
其發若機栝，其司是非之謂也；
其留如詛盟，其守勝之謂也；其
殺若秋冬，以言其日消也；其溺
之所為之，不可使復之也；其厭
也如緘，以言其老洫也；近死之

心，莫使復陽也。喜怒哀樂，慮歎變慹，姚佚啟態；樂出虛，蒸成菌。日夜相代乎前，而莫知其所萌。已乎，已乎！旦暮得此，其所由以生乎！

注　釋

1. **閑閑**：通閒，優閒、寬裕，自得狀；深謀遠慮，大智之貌。
2. **閒閒**：音間，通間，淺狹急促狀；急智反應，小智之貌。
3. **炎炎**：氣焰旺盛。
4. **詹詹**：氣急敗壞，爭論不已。
5. **魂**：活人的精神狀態曰魄，死人則曰魂。故有氣魄、魄力；鬼魂、靈魂之說。
6. **縵者**：寬心者。
7. **窖者**：謹慎者。
8. **窖者**：深藏者。
9. **惴惴**：心神不安狀，惴惴不安。
10. **縵縵**：茫茫失神狀。
11. **機括**：機關也，猶如槍枝發射之扳機也。
12. **司**：主宰也。如司機、司閽、司令、司法、司馬、司空、司

徒、司庫（出納）、司帳（會計）……等。

13.**厭**：疲怠。

14.**緘**：封閉也。

15.**洫**：衰賤也。

16.**慮歎變熱**：憂慮、歎息、變異、恐懼四種不安狀態。

17.**姚佚啟態**：輕佻、縱逸、開心、得意四種自得狀態。

18.**樂出虛**：樂音從簫筒之孔中出。

19.**蒸成菌**：朝菌之從地鬆之處生。

三 語 譯

　　人的智慧理解深淺不同：大智慧的人，顯得優閒寬容，廣博豁達；小見識的人，卻好精察纖細，枝微末節。同理，人的言語辭彙也都精粗不同：精於語文智慧者，直道正言，辭氣暢順；拙於語文智慧者，淫辭詖行，辭意急促滯塞。人在「悟」「寐」時，亦有不同之情境產生：睡時精神交錯，悟寐不清；醒時，卻也目開神悟，意識清醒；人們與外界環境互動的過程也同樣的使盡心機。人的個性，有寬心開朗者，有細心謹慎者，有深藏不露者。

　　小受驚駭，只是心神不寧；大受驚恐，也就失魂落魄。這是對於恐懼不同的反應。至於對是非錯對的反應，有的有如扣動扳機樣快速尖銳的如斯響應；有的則內心拗執自有成見，誓不動搖，持守胸臆，坐待勝機。

　　當是非固執之成見，既存於胸中，天真的本性便日益消

失，有如草木之遇蕭瑟之秋冬，零落不堪；又有如沉溺水中
之人，無法恢復本性。

離天理越遠，人欲遮蔽得越深，就如同人越老，遮蔽越
深，最後，心地麻木毫無生氣。

人們喜、怒、哀、樂、憂、歎、疑、懼，進而躁動輕
浮，奢華放蕩，輕狂無度，造姿作態的情緒，有如天籟般生
於虛無，發於自然，日夜交替著，也不知從何開始的。其間
道理，初看似乎難懂，卻簡易得往往在一天之內即可領悟一
切。

（四）　說　明

社會的各種現象和個人的各種不同心態，雖然具體實在
的存在著，亦都出於大自然的虛無。

第五節
方生方死

（一）原文

　　物無非彼，物無非是；自彼則不見，自知則知之；故曰彼出於是，是亦因彼；彼是方生之說也。雖然，方生方死，方死方生；方可方不可，方不可方可；因是因非，因非因是。是以聖人不由，而照之於天，亦因是也。是亦彼也，彼亦是也。彼亦一是非，此亦一是非。果且有彼是乎哉？果且無彼是乎哉？彼是莫得其偶，謂

之道樞。樞始得其環中，以應無窮。是亦一無窮，非亦一無窮也。故曰：莫若以明。

（二）注　釋

1. 照：反映。
2. 偶：對立。
3. 樞：本指門上轉軸，此處指關鍵。
4. 環中：環的中心。

（三）語　譯

　　世間的一切事物，都是相對的。

　　所以才有彼此之分（自稱曰此，稱別人曰彼），是非之別（自覺以為是；覺得別人都是「非」）的對立；方生方死，方死方生的矛盾；方可（肯定）方不可（否定），方不可（否定）方可（肯定）的論證；有「是」就有「非」，有「非」就有「是」的衝突。

　　聖人可是超脫於「是非之論」以外，他了然於「是非」乃相因而成；「彼此」乃相待而生。掌握天道循環的關鍵如同獲得一個中間虛空的環（亦即老子所說的「道沖，而用之

或不盈」《道德經・第四章》)。因而「是」是一種無窮，
「非」也是一種無窮。

（四）說　明

　　生生死死，死死生生；方生方死，方死方生。其因果關
係，先後次序有誰能了然於胸，猶如雞生蛋，蛋生雞？究竟
何者為先？何者為後？科學家至今尚未能證明，我們又何必
去自尋煩惱。老子不是說過：「無，名天地之始；有，名萬
物之母」(《道德經・第一章》)，生死，真是個「玄之又玄」
的未知數。

第 六 節
可乎？不可乎？

一 原 文

　　可乎可，不可乎不可。道行之而成，物謂之而然。惡乎然？然於然，惡乎不然？不然於不然。物固有所然，物固有所可；無物不然，無物不可。故為是舉莛與楹，厲與西施，恢詭憰怪，道通為一。其分也，成也；其成也，毀也。凡物無成與毀，復通為一。惟達者知通為一，為是不用而寓諸庸。庸也者，用也；用也者，通也；通

也者，得也；適得而幾矣。

二 注 釋

1. **行之**：行走。
2. **謂之**：稱呼它。
3. **然**：肯定。
4. **莛**：小草莖。
5. **楹**：大木柱。
6. **厲**：音賴，病癩也。
7. **恢詭憰怪**：形形色色，光怪陸離；恢，寬大；詭，奇變；憰，詭詐；怪，怪異。

三 語 譯

　　自以為可，就說可；自以為不可，就說不可。道路是因為人行之而成；萬物也因為人命之而就的。

　　為什麼這是對的，因為有人說對，就跟著別人說對；為什麼說這不對，還不是人云亦云，跟著人說不對。萬物原本就有對與不對，可與不可，可說無物不對，無物不可。就舉小草與大柱，東施與西施以及一切稀奇古怪的事物來說明，單從「道」的觀點來看都是相通一樣的。

　　一件物體將之拆散，其部分又各自構成一新物體，一件

新物體的形成，也就意味著原物體的毀壞後重組一個新的物
體，同時也面臨著新的損毀。這麼說來，一切事物之組成與
毀壞，最後都歸於一體。只有那通達的人，才明白這個「歸
一」的道理。因而，庸就是無用之用，而無用之用乃是通
達。通達的人，能了解事物之常理，也就接近「道」了。

（四）說　明

是非之爭，可否之爭，並無實質價值，天下萬物，自有
其矛盾對立的一面，亦自有其轉化統一的一面。是謂齊物。

何謂齊物？齊物之道端在和是非、忘彼此、均可否、混
成毀、平貴賤、齊生死。

第 ◇七◇ 節
朝三暮四

一 原 文

　　因是已。已而不知其然，謂
之道。

　　勞神明為一而不知其同也，
謂之朝三。何謂朝三？曰：「狙公
賦芧，曰：『朝三而暮四。』眾狙
皆怒。曰：『然則朝四而暮三。』
眾狙皆悅。」名實未虧而喜怒為
用，亦因是也。是以聖人和之以
是非而休乎天鈞，是之謂兩行。

二　注　釋

1. 一：一得之見。
2. 狙：獼猴；狙公，養猴之人。
3. 賦：分發。
4. 芧：橡實，一種櫟樹的果子。
5. 名：橡子的數量。
6. 實：橡子的實質。
7. 虧：減少。
8. 用：改變。
9. 天鈞：自然的調和力。

三　語　譯

　　由於不知所以然而然，一任其然，這才是道的本體。若一味兒勞神費心的去追求道的源頭而不知道本就是一貫的，那就是「朝三」。

　　什麼是朝三？養猴的「狙公」給猴子分發橡果，說：「早上分三升，傍晚分四升。」眾猴子聽了都很憤怒；狙公便改口說：「那就早上四升，傍晚三升罷！」眾猴轉怒為喜，十分高興。橡果的質量未變，但喜怒之情卻有了改變，這是猴子和狙公的「是」與「非」的看法有不同的標準，所以聖人治事，讓他們自然調和，並行而不害的結果。

（四）　說　明

　　「朝三暮四」，「朝四暮三」透露了同一質量的事物，以不同的表達方式，產生迴異的感受；同樣，「屢戰屢敗」與「屢敗屢戰」，產生前者為懦弱無能，萎縮不前；後者則有不屈撓，越戰越勇之差異，語彙與語序的表達，可不慎哉！

　　何謂「捨得」？何謂「得失」？當你先「捨」就會「得」；當你先想「得」，你就「失」。越想「得」就越「失」；同樣地，越「施」，也就越「得」。由是觀之，「朝四暮三」與「朝三暮四」，其意義不為不大矣！

第〈八〉節
莫大於秋豪

一 原文

　　天下莫大於秋豪之末，而大山為小；莫壽乎殤子，而彭祖為夭。天地與我並生，而萬物與我為一。既已為一矣，且得有言乎？既已謂之一矣，且得無言乎？一與言為二，二與一為三。自此以往，巧歷不能得，而況其凡乎！故自無適有以至於三，而況自有適有乎！無適焉，因是已。

二 注　釋

1.豪：通毫，秋毫，禽類在秋天新長出的毫毛。

2.大山：大山，即泰山。

3.壽：長命百壽，當形容詞用。

4.殤子：夭折的孩子。

5.一：一體。

6.巧歷：善於算計的人。

7.凡：凡夫，普通人也。

8.與：加起來。

9.適：到。

三 語　譯

　　天下萬物，沒有比秋天新換毫毛之末更大的東西了，也沒有比泰山更小的東西了；沒有比夭折的嬰兒更長命的人了，傳說中的彭祖活了八百歲，還算是個短命鬼呢！

　　天地與我並生，萬物與我合一，既已合而為一了，還有什麼話可說的呢？一加上所說的話為二，二再加上所說的就成了三。依此類推，再是擅長計算的人，也會算不出結果來，何況我們這種凡夫俗子呢？

　　所以從無到有，以致從一到二，從二到三，更何況從有到再有，更不勝其煩了，不如其因自然，適可而止了。

（四） 說 明

　　大小、長短、久暫是相對的，而不是絕對的。地球之
外，還有更多的星球；宇宙之外還有更浩瀚的宇宙；細胞夠
小了罷，細胞中更有質子、中子、分子，最後是一絲能量，
能量之中還有能量……。

　　「天地與我並生，萬物與我為一」，小小的我介乎其中，
不用自大自狂，亦不用自卑自憐，盡其在我。

第 ⟨九⟩ 節
同與不同

一 原 文

齧缺問乎王倪曰：「子知物之所同是乎？」曰：「吾惡乎知之！」「子知子之所不知邪？」曰：「吾惡乎知之！」「然則物無知邪？」曰：「吾惡乎知之！」雖然，嘗試言之。庸詎知吾所謂知之非不知邪？庸詎知吾所謂不知之非知邪？

且吾嘗試問乎女：民溼寢則腰疾偏死，鰌然乎哉？木處則惴慄

慄恂懼，猨猴然乎哉？三者孰知正處？

　　民食芻豢，麋鹿食薦，蝍且甘帶，鴟鴉耆鼠，四者孰知正味？猨猵狙以為雌，麋與鹿交，鰌與魚游。毛嬙麗姬，人之所美也；魚見之深入，鳥見之高飛，麋鹿見之決驟。四者孰知天下之正色哉？自我觀之，仁義之端，是非之塗，樊然殽亂，吾惡能知其辯！

二　注　釋

1. **偏死**：半身不遂，得癱瘓症。
2. **惴慄**：害怕發抖狀。
3. **恂懼**：恐懼狀。
4. **芻豢**：指芻畜與豢養。前者指草食性動物，後者指穀食性動物。

5. 蝍蛆：蜈蚣。

6. 帶：長蛇。

7. 耆：同嗜，喜好。

8. 狙：猴的一種。

三 語 譯

　　齧缺問王倪說：「你知道萬物之間有其共同性嗎？」王倪說：「我怎麼知道？」齧缺又問：「你知道你所不知道的東西嗎？」王倪回說：「我怎麼知道我所不知道的？」齧缺又問：「這麼說來，萬物都無知了？」王倪說：「我怎麼知曉萬物有知還無知？不過我還是願意試著回答你的問題。你怎麼知曉我所說的『知道』，其實是『不知道』；而我所說的『不知道』，卻是『知道』。」

　　我且問你，人睡在潮濕地，會腰酸背痛得癱瘓，泥鰍會嗎？人住在大樹高處會害怕發抖，猿猴會嗎？上述三種動物的住處到底哪一種最安適？

　　人吃家畜，麋鹿吃綠草，蜈蚣吃長蛇，鷹鳥吃老鼠，這四種吃法哪種最美味營養。

　　猿和狙可以互為雌雄，麋與鹿可以為伴，鰍與魚可以交游。毛嬙和麗姬是人們公認的美女，為什麼魚兒見了趕緊潛入水底，鳥兒見了高飛而去，麋鹿見了飛奔逃逸，人、魚、鳥、麋鹿四者，是誰才真正懂得欣賞美色，處在這個仁義是非、千頭萬緒、錯綜複雜的情況下，我怎能分辨它們之間的

不同呢？

 (四) 說　明

　　烏龜啃大麥，螳螂喝仙水，屎克螂推糞球，物能任其性，事能稱其能，各當其分，並行而不害，對立而統一，這是莊子哲學的「齊」論，毛嬙孋姬，人之所美，親之近之；魚鳥惡之潛之，飛之，小人物第六意識感，虛妄有別，美醜自學。

第 ◇十◇ 節
莊周夢蝶

㈠ 原 文

　　昔者莊周夢為胡蝶，栩栩然胡蝶也，自喻適志與！不知周也。俄然覺，則蘧蘧然周也。不知周之夢為胡蝶與，胡蝶之夢為周與？周與胡蝶，則必有分矣。此之謂物化。

㈡ 注 釋

1. 昔者：過去，曾經。
2. 栩栩：即翩翩，蝴蝶飛舞狀。
3. 自喻：自以為。
4. 適志：舒坦快意。

5. **蘧蘧然**：驚覺狀。

6. **物化**：與物合而為一。

三　語　譯

　　莊周曾經夢見自己變成一隻蝴蝶，一隻翩翩起舞的快意蝴蝶，自覺十分舒坦愜意而忘了自己原本是莊周。不久夢醒之後，想到還原成莊周，方覺驚惶疑懼。真不知是莊周夢中變蝴蝶，還是蝴蝶夢中變成莊周？莊周和蝴蝶之間必然有其關係的，此乃人與物合而為一的道理。

四　說　明

　　莊子與蝴蝶，誰是真人？誰是幻影？是醒？是夢？正是「莊生曉夢迷蝴蝶，望帝春心託杜鵑，……此情可待成追憶，只是當時已惘然。」（李商隱〈錦瑟〉）

　　莊子之夢蝶，渾然忘我，亦同時超脫人間生死壽夭，是非善惡，貧富貴賤……是謂齊物，是謂逍遙，一舉數得。讓我們大家來做夢吧！只是我人凡夫俗子，夢的仍然是棺材、跳崖、奔逃、驚恐、中樂透彩，可悲的人生，永遠跳脫不了世俗的酒、色、財、氣……。

《第二章》

善死養生

〈章旨〉

莊子曰：「吾生也有涯，而知也無涯，以有涯隨無涯，殆已。」要我們順著事物自然之理，而不被物役，忘卻情感的悲歡離合，而不違反天命。游走於天地、混同於庶物間，心廣體胖，全其身而樂其生。要如何善死養生？大吃大喝，唯恐不及，於是體重超重，三高（高血壓、高血醣、高血脂）、富貴病一一報到，最後不得好死；如果過分慳吝則肺病、胃病、肝病……等「貧窮病」齊集其身，亦不得善終，過猶不及，非養生之道。

尤其世俗的功名富貴，原只是虛偽浮雲，人們往往不惜降志辱身，卑躬屈節，強求難為之事。

其實，何不把人生看淡一點，古人常說一笑泯千仇，笑一笑就沒煩惱，請複誦下列「六笑頌」：

一笑煩惱跑，二笑怒氣消，三笑憾事了，四笑病魔逃，五笑永不老，六笑樂消遙，時常笑口開，壽比南山高。

以上是精神上（主）的養生要訣，至於形體上（賓）的養生，試擬如下：

(一)養生方法：不外少油、少鹽、少糖；

(二)養生吃法：不外吃粗、吃雜、吃色六字真言。

1.吃粗：糙米、麥麩，吃皮、吃核、吃籽、吃纖、吃鈣（粗骨湯）。

2.吃雜：五穀雜糧以及蔥、蒜、韭、薑、醋、酒、茶……等。

3.吃色：①赤：紅葡萄、紅蘿蔔、紅番茄。

②綠：綠菜葉、綠茶、綠豆。

③黃：黃豆、南瓜、小米、老玉米。

④黑：黑木耳、黑豆、黑芝麻。

⑤白：苦瓜、豆腐、豆漿、酸奶。

第 一 節

吾生也有涯

原　文

　　吾生也有涯，而知也無涯。以有涯隨無涯，殆已；已而為知者，殆而已矣。為善無近名，為惡無近刑。緣督以為經，可以保身，可以全生，可以養親，可以盡年。

注　釋

1. 涯：邊際、界限。
2. 知：智慧、知識、欲望。
3. 隨：追隨，追逐。
4. 殆：疲乏、窮困。
5. 緣：順著。

6. **督**：中間、中道。

7. **經**：常規正法。

8. **全生**：全性也。

9. **養親**：以色養也，即娛親。

（三）**語　譯**

　　我人生命有時而窮，但人們的知欲卻沒有止境，以有限的生命去追逐無限的欲望，是十分累人的。已經成為「欲望之奴」的人，可真是累壞了人。

　　「為善不求名，為惡不近刑」，順著常規正法的「間隙」進行（有所謂「法律邊緣」，當然亦有所謂的「生存邊緣」。），才可以保身養體，可以保性全命，可以侍親娛親，可以延年益壽。

（四）**說　明**

　　老子說：「道沖，而用之或不盈，淵兮似萬物之宗。」（老子‧《道德經‧第四章》）吾人當以「無形」之道，執「有形」萬物，方能執簡御繁，駕輕就熟，否則，處在這瞬息萬變的「人間世」不累死才怪。

　　「少飲少食少說話，
　　　多穿多睡多走動；

要勤要儉要克己，
不愁不怒不罵人；
有朋有親有事做，
能謙能忍能隨和。」

　　如此，則可以保身，可以全性，可以娛親，可以盡年。
　　位高權重的三閭大夫屈原先生，竟因失歡於楚懷王、襄王父子倆，兩次被下放於江漢、江南之地。終至寫〈離騷〉〈哀郢〉〈懷沙〉等廿五個詩篇而自沉於汨羅江。這又何苦呢？「為善不求名，為惡不近刑」，跟著混就是了，再不爽的話辦「五五專案」，自願提前退休，享受18％民脂民膏的優利存款，不但可以保身、全性，還可以娛親，盡年……絕不至於60歲自殺身死。
　　至於我的老祖宗，韓愈昌黎先生。出仕，則栖栖皇皇「若不可一日而不仕」的猴急相，被黜，則「遑遑乎，四海無所歸，恤恤乎，飢不得食，寒不得衣。」（韓愈上〈宰相書〉）結果弄得「年未四十而視茫茫，而髮蒼蒼，而齒牙動搖……。」（韓愈‧〈祭十二郎文〉）未老先衰，五十七歲就翹毛了。
　　韓愈啊！韓愈！您還表字「退之」！終不過一生「強露才智以求名位」而已。活該！
　　何不學學蘧伯玉先生那樣「邦有道則仕，邦無道則退」；令尹文子「三仕為令尹無喜色，三已之無慍色。」的風度。

第 ⟨二⟩ 節
庖丁解牛

⟨一⟩ 原 文

　　庖丁為文惠君解牛，手之所觸，肩之所倚，足之所履，膝之所踦，砉然嚮然，奏刀騞然，莫不中音。合於桑林之舞，乃中經首之會。

　　文惠君曰：「譆，善哉！技蓋至此乎？」庖丁釋刀對曰：「臣之所好者道也，進乎技矣。始臣之解牛之時，所見無非牛者。三年之後，未嘗見全牛也。方今之時，

臣以神遇而不以目視，官知止而神欲行。

依乎天理，批大郤，導大窾，因其固然。技經肯綮之未嘗，而況大軱乎！良庖歲更刀，割也；族庖月更刀，折也。

今臣之刀十九年矣。所解數千牛矣，而刀刃若新發於硎。彼節者有閒，而刀刃者無厚；以無厚入有閒，恢恢乎其於遊刃必有餘地矣，是以十九年而刀刃若新發於硎。

雖然，每至於族，吾見其難為，怵然為戒，視為止，行為遲。動刀甚微，謋然已解，如土委地。

提刀而立，為之四顧，為之躊躇

滿志，善刀而藏之。」

　　文惠君曰：「善哉！吾聞庖丁

之言，得養生焉。」

二　注釋

1. 庖丁：庖人，屠宰夫。

2. 文惠君：梁惠王。

3. 倚：頂住。

4. 履：踩踏。

5. 踦：以足抵住。

6. 奏刀：刀刃抵處。

7. 砉然：骨肉分離之聲。

8. 中音：合乎音節。

9. 桑林：商湯時的樂曲名。

10. 經首：唐堯時樂曲〈咸池〉中的一章。

11. 會：交響。

12. 蓋：竟然。

13. 釋：釋放，放下。

14. 對曰：下對上恭敬回答。

15. 天理：自然的紋理。

16. 批：刺入。

17. 大郤：大的空隙。

18. 大軱：大骨。

19. 遊刃：運刀有餘。

19. 族：很多。

20. 發：磨動。

21. 硎：磨刀石。

22. 放：縱橫交錯，糾結之處。

23. 怵然：驚惕狀。

24. 止：集中，定住。

25. 遲：遲疑。

26. 謋然：豁然之聲。

27. 委：散。

28. 躊躇：從容不迫，優然自得狀。

29. 善：繕也，擦拭。

三 語 譯

　　屠夫為文惠君支解牛體：分別用手觸、肩挺、腳踩、膝頂……。刃之所到，豁豁有聲，刀刀合乎節拍節奏，有如桑林之舞，經首之律。

　　文惠君讚歎道：「噴噴，妙哉！神乎其技到這種程度。」屠夫放下刀恭敬的回說：「我最講求的支解牛體的藝術（道），它遠超過我支解牛體的技術（技），我剛開始支解牛

的時候，眼中所見的是全牛，三年以後未見全牛，只見牛的結構體；到如今，我對牛體的結構只以意會而不以目視，所有的感官（視覺、聽覺、觸覺）停止活動但以心領神會。

我照著牛體的生理結構，刺進筋骨間隙之中，沿著骨節的空隙，順著肌理紋路用刀，不要說大骼細骨，就算經脈關節我都避過它。最好的屠宰師每年換新刀，因為他們用割的，很多屠宰師每月換新刀，因為他們用砍的。

我手頭這把刀，已經用了十九年了，用它宰過的牛不下數千頭之多，但我的刀刃仍然鋒利如新磨的。由於關節間有間隙，而我的刀刃很薄，用很薄的刀切入有間隙的關節中，還真是遊刃有餘呢！所以我的屠刀雖然使用了十九年之久，仍然鋒利如新。

即使如此，每逢筋骨交錯，糾結不清的地方，我知道難以下手。我還是十分警惕小心，眼神專注，謹慎下手，輕微的動刀，『豁』的一聲，骨肉全然分離在地。這時，我提刀起立，環顧四周，從容自得，滿心歡喜，我把刀擦乾淨，刀入殼收而藏之。」

文惠君聽了之後說：「好哇，我聽了屠夫一席話，意外地領悟到養生之道。」

（四） 說　明

以牛體筋骨關節的糾結複雜比喻人間世事之複雜難解；而以鋒利的刀刃比做自我生命力之因應，產生遊刃有餘之效

果。

　屠夫以體力勞動謀生，實乃無可如何之事，但若能掌握契機予以藝術化、哲學化，自然產生自信、自負而滿心歡喜，志得意滿。

　生活是嚴肅的，是殘忍的，是無可奈何的；但如何美化生存，充實生命，卻是人生一大課題。

　既然生而為人，自然要「歡喜做、甘願受」，走完這一人生之旅程，絕不提早「出局」；好過也過一生，歹過也過一生，何不面對著人生，喜悅地迎向它。

　老子說：「圖難於易，為大於細；天下難事，必作於易，天下大事，必作於細。」（《道德經‧第六十三章》），庖丁解牛千隻，運刃十九載，了然於「圖難於易」之真諦，為何我們的一些政治人物，囿於意識形態，成天找碴，專做「圖易於難」的事兒！

第 三 節
右師單足

一 原 文

　　公文軒見右師而驚曰：「是何人也？惡乎介也？天與，其人與？」曰：「天也，非人也。天之生是使獨也，人之貌有與也。以是知其天也，非人也。」

二 注 釋

1. **公文軒**：宋人，姓公文，名軒。
2. **右師**：以官職稱人。
3. **介**：單足。
4. **其**：豈。
5. **與**：同歟。

6. 與：給予，賦與。

（三）語　譯

　　公文軒第一次見到右師，驚訝地問：「這是個什麼樣的人啊？怎麼會只有一隻腳，是天生的嗎？還是後天人為造成的呢？」回答說：「是天生的，而不是人為的，是上天只給我一隻腳。人的形體外貌都是上天所賦與的，所以，我曉得上天有意只給我一隻腳，而不是人為的。」

（四）說　明

　　聽天命，應自然，盡人事。莊子教我們「安時而處順」，自適自在。

第 四 節
十步一啄、百步一飲

一 原 文

澤雉十步一啄，百步一飲，不蘄畜乎樊中。神雖王，不善也。

二 注 釋

1. 澤：草澤也，以喻野外。
2. 蘄：祈求。
3. 樊中：樊籠中。
4. 神：勞神。
5. 王：旺也，意即吃飽、喝足、長得壯。
6. 不善：精神上並不好受。

三 語 譯

草澤中流浪的野雞求食不易，每走一步才得一啄，每走

百步才得一飲，十分辛苦；但牠卻不指望被餵養於樊籠中，雖不用勞神費心就能吃飽喝足，長得壯，卻活得不自由、不自在。

（四）說　明

生命誠可貴，愛情價更高，若為自由故，兩者皆可拋。莊子擔任過國家公園的管理局長，深諳箇中奧妙。順乎自然，不可強求難為。

不羨虛慕榮，乃有絕對的自由可享，「虛榮」乃是人類最大的無形枷鎖。

第 五 節
秦失弔老聃

原 文

老聃死，秦失弔之，三號而出。弟子曰：「非夫子之友邪？」曰：「然。」「然則弔焉若此，可乎？」曰：「然。始也吾以為其人也，而今非也。向吾入而弔焉，有老者哭之，如哭其子；少者哭之，如哭其母。彼其所以會之，必有不蘄言而言，不蘄哭而哭者。是遁天倍情，忘其所受，古者謂之遁天之刑。適來，夫子時也；適

去，夫子順也。安時而處順，哀樂不能入也，古者謂是帝之縣解。」指窮於為薪，火傳也，不知其盡也。

二　注　釋

1. 老聃：老子李耳，死後諡聃，故曰老聃。
2. 秦失：老子朋友。失通佚、通逸，意即秦之逸士、隱士也。
3. 號：嚎也；有淚有聲曰哭；有淚無聲曰泣，無淚有聲曰號。
4. 彼：他們。
5. 會：聚集。
6. 蘄：期望。
6. 遁：逃避。
7. 適來：應時而來。
8. 適去：順理而去。
9. 縣：同懸。
10. 指：同脂。

三　語　譯

老子過世，秦失前去弔喪，乾號了三聲就出來了。老聃

的學生質問他：「您不是我們老師的朋友嗎？」秦失回說：「是的。」學生們又問：「用這種方式弔祭朋友可以嗎？」秦失回答說：「可以。我原以為你們跟隨老師這麼多年，已是超脫物外之人，現在看來並不如此。方才我進去弔唁時，見到有老者哭喪，悲痛得有如喪其子女之哭；有年輕的弔喪，悲痛得有如哭其父母般。他們之所以會聚集而哭，必定有其情不自禁，不期然而然的號咷大哭起來，似這樣的喜生惡死是違反常理違背人情的。忘了人原是稟承於自然，受命於天理的產物，古人稱之謂『遁天之刑』——背離自然之過。你們的老師，他應時而生，順理而死，他安『時』處『順』，俗間的哀傷、歡樂都不能進入心嵌，好像天帝解了他的倒懸之苦。」

　　油脂與薪柴終有燃盡的一天，但火種卻永不熄滅。

（四）　說　明

　　形體有時而盡，但精神卻永遠不死！

　　這就是老子「知人者智，自知者明，勝人者有力，自勝者強；知足者富，強行者有志。不失其所者久，死而不亡者壽。」（〈道德經・第三十三章〉）哲學的發揚。

　　能順應大自然的造化，則哀樂不入於胸次，不能順應大自然的造化，免不了痛心疾首，哀傷逾恆，這就是老子所說的「遁天之刑」。

《第四章》

處世人間

〈章旨〉

嬰兒出生呱呱墜地，罕有不哭號者，倘有不哭者，醫護人員必拍其屁股使之哭。蓋人間之世，污濁混亂，奸邪處處，不可安處，大有不願生此世間之感。

因而孟德斯鳩有云：「人應悲生而非哀死！」

"Man should be bewailed at their birth, and not at their death." (Montesquieu, 1689～1755)

既來之，則安之，或明哲保身，或居易以俟命。莊子主張乘物遊心，順事推移，心無功名之念，無往而不利。

人人都追名逐利，祈求飛黃騰踏，然而凡事皆能如願？「不如意事者常八九，可與人言者無二三。」此「有一失必有一得，有一得必有一失」之理，"For every thing you have missed, you have gained something else; and for every thing you gain, you lose something." (Ralph Waldo Emerson, 1803～1882)

是故「名之所在，即形之所在。」

處世人間，原本無不可遊又無可遊之處，若能處「不才之材」，居「無用之用」，善惡兩忘，愚智俱無，隨變任化，達到忘我、忘智、忘形的境界，則可以處世涉人矣！何不學學彌勒佛的迎面笑容，正是：「大肚能容了卻人間多少事；滿腔歡喜笑開天下古今愁。」世間一切的妻財子祿，功名富貴，亦不過是過眼雲煙而已。

如此方可全身遠害，安之若命。

第 ◇一◇ 節

心齋

原 文

　　顏回曰：「吾無以進矣，敢問其方。」仲尼曰：「齋，吾將語若！有而為之，其易邪？易之者，暤天不宜。」顏回曰：「回之家貧，唯不飲酒不茹葷者數月矣。若此，則可以為齋乎？」曰：「是祭祀之齋，非心齋也。」回曰：「敢問心齋。」仲尼曰：「若一志，無聽之以耳而聽之以心；無聽之以心而聽之以氣。聽止於耳，心

止ㄓˇ於ㄩˊ符ㄈㄨˊ。氣ㄑˋ也ㄧㄝˇ者ㄓㄜˇ，虛ㄒㄩ而ㄦˊ待ㄉㄞˋ物ㄨˋ者ㄓㄜˇ也ㄧㄝˇ。唯ㄨㄟˊ道ㄉㄠˋ集ㄐㄧˊ虛ㄒㄩ。虛ㄒㄩ者ㄓㄜˇ，心ㄒㄧㄣ齋ㄓㄞ也ㄧㄝˇ。」

（二）注　釋

1. 敢：冒昧、唐突。
2. 齋：齋戒清心。
3. 語：告訴。
4. 若：你。
5. 皡：昊也，蒼天大自然的天理。
6. 若一志：你專心一志。
7. 心齋：心中無我、無形就是心齋。

（三）語　譯

　　顏回說：「我再也不能想出更好的方法，去遊說那行事獨斷，橫征暴斂的衛君，冒昧地請教老師更好的方法？」孔子說：「虛心齋戒吧！我會告訴你方法。即使你有心地去做，也不見得容易，如果事情是這麼容易的話，蒼天也不會認同的。」

　　顏回說：「我顏回家境貧困，既不飲酒，也不吃葷，已經好幾個月了，這樣也算是齋戒了。」孔子說：「這是一般人所謂的祭祀之齋，而不是我說的心齋啊！」顏回說：「那

麼請問什麼是心齋?」孔子說:「你專心一志摒除雜念,不用耳朵而用心去感應聲音,進一步的要用氣去領悟聲音。我們的耳朵止於聽,心的功能只可感應。氣是虛空的,無所在,無所不在,才能容萬物,那天下的大道,只存在虛空的心底,這心地虛空就是我所說的『心齋』了。」

(四) 說　明

「心齋」的最高境界是無我,接著就是無為、無事、無欲。「我無為而民自化,我好靜而民自正,我無事而民自富,我無欲而民自樸」(《道德經·第五十七章》),則天下治矣!

第 二 節
螳臂當車

一 原 文

顏闔將傅衛靈公太子，而問於蘧伯玉曰：「有人於此，其德天殺。與之為無方，則危吾國；與之為有方，則危吾身。其知適足以知人之過，而不知其所以過。若然者，吾奈之何？」

蘧伯玉曰：「善哉問乎！戒之，慎之，正女身哉！形莫若就，心莫若和。雖然，之二者有患，就不欲入，和不欲出。形就而入，且

為顛為滅，為崩為蹶。心和而出，且為聲為名，為妖為孽。彼且為嬰兒，亦與之為嬰兒；彼且為無町畦，亦與之為無町畦；彼且為無崖，亦與之為無崖。達之，入於無疵。

汝不知夫螳蜋乎？怒其臂以當車轍，不知其不勝任也，是其才之美者也。戒之，慎之！積伐而美者以犯之，幾矣。

汝不知夫養虎者乎？不敢以生物與之，為其殺之之怒也；不敢以全物與之，為其決之之怒也；時其飢飽，達其怒心。虎之與人異類而媚養己者，順也；故其

殺者，逆也。

　　夫愛馬者，以筐盛矢，以蜄盛溺。適有蚊虻僕緣，而拊之不時，則缺銜毀首碎胸。意有所至而愛有所亡，可不慎邪！」

二　注　釋

1. **顏闔**：魯國賢人。
2. **傅**：師傅，老師也，此處作動詞用。
3. **蘧伯玉**：名瑗，字伯玉，衛國賢大夫。其人清虛自守，淡泊自持。孔子贊之曰：「君子哉！蘧伯玉，邦有道則仕，邦無道則可卷而懷之。」
4. **天**：天性。
5. **殺**：嗜殺，殘忍無道之人。
6. **方**：原則。
7. **形**：外形、外貌。
8. **就**：就近、親近。
9. **和**：和善誘導。
10. **就不欲入**：形雖親之、順之，但切莫深陷其中。
11. **和不欲出**：心雖和之、同之，但切莫越我本分。

12. **町畦**：田圃之界限。

13. **無崖**：崖邊緣也，拘束也。

14. **達之**：能做到這個地步。

15. **疵**：毛病、缺點、遺憾也。

16. **怒**：奮也，奮力而出。

17. **當**：通擋。

18. **轍**：車輪子。

19. **是其才**：自是其才。

20. **積**：多次累積。

21. **伐**：誇大。

22. **而美**：你的長處。

23. **幾**：接近。

24. **矢**：屎也。

25. **蜄**：大海貝的殼。

26. **適**：正好。

27. **僕緣**：僕通撲；緣，附也，爬行也。

28. **拊**：拍打。

29. **不時**：不是時候。

三 語 譯

　　顏闔將成為衛國太子的師傅，就教於蘧伯玉：「有這麼一個人，他天性嗜殺凶殘，與他相處共事，如果不堅守原則，勢必危害我國家，如果堅持原則，必然遭殺身之禍。他

的智慧能找出別人的過失，而不知人之所以犯過的原因與動機。像這樣，我應當怎樣去跟他相處呢？」

蘧伯玉說：「問得好啊！要警惕！要謹慎！要端正你自身，外表上不如親近依順他，內心裡，不如和善的誘導他。但是，這兩者之間，還是有矛盾存在著，親近依順他，但不能同流合污；誘導他卻又不能露出形跡。要是外表親近依順得過分親密，以致陷入其中，會招致顛仆毀滅，崩潰敗亡，要是內心和善的誘導，露出了形跡，會被認為是為了沽名釣譽而忸怩作態，進而招致災禍。

要是他像嬰兒一樣的天真爛漫，你也跟著像他一樣的天真，要是他隨心任性，你也跟著隨性而為，要是他無拘無束，你也跟著無拘無束；到達這個境界，也就無憾了。

你不知道那螳螂嗎？牠奮力舉如刀劍般的雙臂來抵擋車轂的前進，全然自不量力，還自以為才高力大。警惕呀！謹慎呀，屢屢自誇你的才智而觸犯他，那就近乎螳臂擋車的危險了。

你不知道那養虎的人嗎？他不敢以活體餵牠，怕牠撲殺活體時起殺伐之性，也不敢以整隻的屠體餵牠，怕牠撕裂屠體時起憤怒之情。總是小心謹慎地觀察老虎飢飽，疏導排解老虎撕殺憤怒的性情，老虎和人非同一族類，但老虎卻能順從著人，是因為人順著牠的性情；老虎有時候也會咬死餵食牠的人，是因為主人觸犯了牠的性情。

你看那愛馬的人，用筐筐裝馬糞，用大蛤蜊殼裝馬尿，小心的侍候著，若正好碰到牛虻馬虱附身叮咬，主人出其不

意的拍打蟲子，馬受了驚嚇必定咬斷口勒，掙斷彎頭，扯壞胸絡，本意是在愛馬，現在反而失去其所愛，能夠不小心謹慎嗎？

（四）　說　明

　　凡事必須順應物情，不可過度，蓋過猶不及，適得其反。目下許多的「教育媽媽」與「教育爸爸」，對子女照顧得無微不至，是所謂的「孝子」——孝順兒子，其結果造成無能、無自信的下一代，形成「過度保護」（over-protection）之私。到頭來他們不但不感激你，還埋怨你，何苦來哉！

第〈三〉節

不才之材

一 原文

匠石之齊，至於曲轅，見櫟社樹。其大蔽數千牛，絜之百圍，其高臨山十仞而後有枝，其可以為舟者旁十數。

觀者如市，匠伯不顧，遂行不輟。弟子厭觀之，走及匠石，曰：「自吾執斧斤以隨夫子，未嘗見材如此其美也。先生不肯視，行不輟，何邪？」

曰：「已矣，勿言之矣！散木

也，以為舟則沈，以為棺槨則速腐，以為器則速毀，以為門戶則液樠，以為柱則蠹。是不材之木也，無所可用，故能若是之壽。」

二　注　釋

1. 匠石：姓石的工匠。

2. 之：到。

3. 曲轅：轅，車道也，意即馬路盡頭的轉角處。

4. 社樹：社，從示從土，土地神也；以一棵大樹做土地公附身。

5. 絜：量也。

6. 百圍：圍，合抱；百圍，一百人才能合抱。

7. 臨：及。

8. 旁：方也。

9. 遂：直。

10. 輟：停止。

11. 厭：滿足。

12. 走：快走，競走。

13. 及：趕上。

14. 棺槨：葬具，外槨內棺。

15. 蠹：蠹蛀也，此處當動詞用。

16. 若是：像這樣，意如此。

（三）語　譯

　　有個姓石的工匠去到齊國，來到馬路盡頭轉角處，見到一棵大櫟樹的神木。這株神木的樹蔭大到可以遮蔽數千頭牛，其高度可及山主幹八十尺才生枝幹，粗大得可以造船數十艘。

　　圍觀的人，多得有如趕市集的人潮，匠人路過，頭也不回的，往前繼續趕路。他的徒弟停下來看個夠，然後趕上師傅說：「自從拿著斧頭追隨師傅採木以來，從未見過這麼好的木材，師傅卻不停下來看一眼，只管向前走個不停，什麼道理呀！」

　　匠人說：「罷了，甭提了！這是一株鬆散的樹木，用它造船會沉，用它做棺槨很快腐爛，用它做家具壞得快，用它做門窗戶限會流出樹脂，用它做樑柱被蟲蛀，這是一棵不成材的樹木，一點用處都沒有，所以才能如此的長壽茂盛。」

（四）說　明

　　此乃莊子：「有用之用是無用，無用之用乃大用」哲學的發揚。天才洋溢、多采多姿的蘇東坡乃有：「唯願生兒愚且魯，無災無難到公卿」之歎。

第　四　節

殘障支離疏

一　原　文

支離疏者，頤隱於臍，肩高於頂，會撮指天，五管在上，兩髀為脅。

挫鍼治繲，足以餬口；鼓筴播精，足以食十人。

上徵武士，則支離攘臂而遊於其間；上有大役，則支離以有常疾不受功；上與病者粟，則受三鍾與十束薪。

夫支離其形者，猶足以養其

身，終其天年，又況支離其德者
乎！

二 注 釋

1. 支離疏：人名，肢體不全曰支離；疏者，叟也。

2. 頤：兩頰。

3. 會撮：撮者叢也，會者集也，意束髮為髻。

4. 五管：眼、耳、口、鼻……等五官。

5. 髀：大腿骨。

6. 挫：拿。

7. 治：整理。

8. 緁：舊衣服。

9. 鼓：鼓動，搖動。

10. 筴：揚去穀物中糠粃簸箕之類的工具；大者曰簸，小者曰箕
（筴也）。

11. 播：撒。

12. 精：精米。

13. 食：養活。

14. 上：指皇上，國家。

15. 攘臂：舉臂。

16. 功：同工。

```
三  語  譯
```

　　殘障支離疏這個人，他的下巴隱藏在肚臍之下，兩肩高於頭頂心，後腦的髮髻指向天，五官也都朝上，兩脅夾在雙腿間。

　　他替人縫衣洗衣，足以餬口為生，他撥動簸箕，篩米選精，足可養活十口之家。

　　國王下令徵兵作戰，他因形體不全，還捲袖展臂於人前；國家需要差役時，他因宿疾殘障而免除勞役；當政府發放賑濟時，他領三鍾糧食和十綑柴草。

　　由於支離疏肢體之殘障還可以養其身，終其天年；假若他是個才德不露，不遭人忌，豈不是更加可以延年益壽。

```
四  說  明
```

　　像支離疏這麼一個極度殘障之人，可說是個「無用」之人，結果他大大地發揮了「無用之用乃大用」之效，比之下一節山木「有用之用是無用」，是個極端諷刺的對比，足以令人深自警惕焉。

　　身殘心不殘，仍是有用之人，比之許多好吃懶做不務正業，打混過日，自以為瀟灑人生，這類「身不殘，心自殘」乃是「有用之用是無用」做十足「卡奴」的人物。

第 五 節

山木自寇也

一 原文

　　山木自寇也，膏火自煎也。桂可食，故伐之；漆可用，故割之。人皆知有用之用，而莫知無用之用也。

二 注釋

1. 自寇：自己砍伐自己。
2. 自煎：自己燃燒自己。

三 語譯

　　山中的樹木，因其材質可用，而召砍伐；油脂油膏，因其可以照明，導致引火燃燒了自身；肉桂皮因其可食，所以

被砍伐；漆樹的漆汁可以用做塗料，屢被割取採收。人都只知「有用之用」，而不知「無用之用」才是更大的用處。

（四）說　明　～‖※

　　君不見「加州神木」、「阿里山神木」、「墾丁公園大板根神木」、「中橫夫妻樹神木」……其特徵莫不是中空腐朽，長相奇形怪狀、分叉、歪斜分岔……極其「不成材」之狀況，結果它們免於被砍、被伐，得享永年，至於其他「成材」的樹木，莫不像漆樹、桂樹那樣「自寇」而亡。

《第五章》

德充於內，符應於外

〈章旨〉

　　處在這個生活無奈、生存不保、生命無常，人心叵測的世界中，到處充滿著寵辱、善惡、是非、貴賤、好惡。吾人應如何自處以處人？

　　聖人告訴我們要破除外形殘缺不全的觀念，重視內涵至德的完備，如此則處無時不適，無地不通之境界，以應逍遙人生。

　　莊子特重人的精神世界，他的內充至德，包括兩大範疇：

　　1.忘形：物我俱化，死生同一。
　　2.忘情：不計寵辱、貴賤、好惡、是非、高下。

　　此謂之「諸相非相」（Things are not always what they seem.）。
　　～Enghlish proverb～

　　當「德充於內」時，雖形陋如玉駘、叔山，如申徒嘉者，不失其美；倘「德若不充」，形雖美而亦惡。

第一節

兀者見仲尼

一　原文

魯有兀者叔山無趾，踵見仲尼。仲尼曰：「子不謹，前既犯患若是矣。雖今來，何及矣！」

無趾曰：「吾唯不知務而輕用吾身，吾是以亡足。今吾來也，猶有尊足者存，吾是以務全之也。夫天無不覆、地無不載，吾以夫子為天地，安知夫子之猶若是也！」

孔子曰：「丘則陋矣。夫子胡

不入乎，請講以所聞！」無趾出。孔子曰：「弟子勉之！夫無趾，兀者也，猶務學以復補前行之惡，而況全德之人乎！」

無趾語老聃曰：「孔丘之於至人，其未邪？彼何賓賓以學子為？彼且蘄以諔詭幻怪之名聞，不知至人之以是為己桎梏邪？」

老聃曰：「胡不直使彼以死生為一條，以可不可為一貫者，解其桎梏，其可乎？」無趾曰：「天刑之，安可解！」

二　注　釋

1.兀者：斷足之人。
2.叔山無趾：人名，其人居於叔山，受了斷趾刑罰，故稱叔山無

趾。

3. 踵：以足踵行路。

4. 及：來得及。

5. 不知務：不識時務。

6. 輕用吾身：作賤自身。

7. 猶若是：還這個樣子。

8. 胡不：何不。

9. 務：盡全力。

10. 至人：德行高超的人，分別是聖人無名、神人無功，至人無己，真人忘己。

11. 賓賓：猶頻頻，又作恭敬貌。

12. 學子為：學習您的作為。

13. 蘄：希望，希冀。

14. 諔詭幻怪：奇異虛妄。

15. 胡不：何不。

16. 可以：是的，對的。

17. 不可以：非的，錯的。

18. 桎梏：腳鐐曰桎，手銬曰梏，古時均以木材製作。

19. 天刑之：天之罰。

三　語　譯

　　魯國有個被砍去腳趾叫叔山無趾的人，用腳踵走路前去拜見孔子。孔子說：「你因為不謹守法律，早先犯了過錯，

才留下這惡果，如今雖來見我，但已挽救不及了。」

無趾回答說：「我因不識時務，輕率地以身試法，才落得失去腳趾的境地。我今天來你這裡，就是要告訴你，我要全心全力保住比腳趾還尊貴的東西。在宇宙之下，天地對於萬物是無所不包，無所不載的。我把先生當作天地一樣的看待，哪裡知道，你竟然如此看待我。」

孔子說：「我實在是很鄙陋啊！先生何不請進一坐，把你所經歷過的心得與大家分享？」無趾轉身而出。孔子接著告訴大家：「同學們！要努力啊！方才那位無趾先生是被處以斷足刑罰的人，他還想努力學習以求精進，何況像你們這樣身心兩全的人呢？」

叔山無趾投訴於老子：「把孔子視為一個道德完備的至人，還差遠咧！他一方面不停地恭謹地向您討教，一方面還祈求揚虛妄之名聲於外界，他難道不曉得世俗的名聲，乃是束縛至人的枷鎖嗎？」

老子說：「你何不直接告訴他『死生等同，是非齊一』的道理，以解除他心中的桎梏，這樣可以嗎？」無趾說：「這是上天給他的原罪，他人怎麼可以為他解脫呢？」

（四）說　明

　　魯之王駘、叔山，鄭之申徒嘉，三人皆是兀者，皆為被刖足者，皆為形體殘障者，但他們三人「德充於內」，無障於其「身殘體障」，仍是有用之人。

　　要做個至人，必要全性修德，獨善其身，無為自然，無己忘我的地步。孔子對時局「明知其不可為而為之」，到了「君子疾沒世而名不稱焉。」(《論語・衛靈公》)的地步。孔子天生根器如此，瀟脫不開，離「至人無己，真人忘己」的境界，還差得遠咧！

第 ◇二◇ 節

人故無情

一 原 文

惠子謂莊子曰：「人故無情乎？」莊子曰：「然。」

惠子曰：「人而無情，何以謂之人？」莊子曰：「道與之貌，天與之形，惡得不謂之人？」

惠子曰：「既謂之人，惡得無情？」莊子曰：「是非吾所謂情也，吾所謂無情者，言人之不以好惡內傷其身，常因自然而不益生也。」

惠子曰：「不益生，何以有其身？」莊子曰：「道與之貌，天與之形，無以好惡內傷其身。今子外乎子之神，勞乎子之精，倚樹而吟，據槁梧而瞑。天選子之形，子以堅白鳴！」

二、注　釋

1. 然：是的，肯定辭。

2. 與之：給予、給與。

3. 惡得：怎麼可以。

4. 是：這。

5. 君：我也。

6. 好惡：個人的喜好與厭惡。

7. 益：增益、增進。

8. 選：授予。

9. 堅白：惠子的堅白論：「堅白非白，白馬非馬論。」

10. 鳴：自鳴得意。

三 語 譯

　　惠子對莊子說：「人原本就是無情的嗎？」莊子回答說：「當然。」

　　惠子又問：「人而無情，可以稱之為人嗎？」莊子說：「道賦予人以容貌，天賦予人以形體；怎能不稱之為人？」

　　惠子說：「既然已稱作人了，怎麼可以無情呢？」莊子說：「這並不是我說的情啊！我所說的無情，是說不以自身的好惡，而傷了自身的本性，經常順著自然，而不隨意的給心性增添什麼。」

　　惠子說：「不增添什麼，怎能保有這身體。」莊子說：「大自然陰陽之道，給了他容貌，大自然天然之理，賦予他形體，不要因外在的好惡而傷害了自己的本性。如今外露你的心神，耗費你的精神，倚著樹幹吟詩詠歌，憑著几案而假寐，上天雖然授你以形體，但你卻到處進行堅白的詭辯而自鳴得意。」

四 說 明

　　人是感情的動物，人而無情，即不能稱其為人，這是惠子辯證法的三段論。

　　莊子卻告訴我們：人的精神生活比之物質生活更為重要，物質生活也許可用外物來「益生」；但對於精神生活，

莊子主張：「忘形」與「忘情」——前者物我俱化，死生同一；後者在於寵辱、貴賤、好惡、是非皆忘。

第六章

大道宗師

〈章旨〉

大道，萬物之所繫，乃吾人之宗師，是謂「大宗師」。
身為「道之產物」之人（老子：「道生一，一生二，二生
三，三生萬物（第三十六章）」）。自應效法道之「大方無
隅，大器晚成，大音希聲，大象無形，道隱無名。」（《道德
經·第四十一章》）

「大塊載我以形，勞我以生，佚我以勞，息我以死（見
本章第三節）。」人們為了保生、全心、養性、盡年，就必
須與「大塊」（天地）融為一「體」。遺形忘生，當宗此自然
之法。

吾人當止水流鑑，接物無心，忘德忘形，內心自在，庶
幾可以「凡物無成與毀，後通為一（〈齊物論〉）。」而達
「天地與我並生，萬物與我為一」的境地。

第 ◇一◇ 節

知天之所爲

一 原　文

　　知天之所爲，知人之所爲者，至矣。知天之所爲者，天而生也；知人之所爲者，以其知之所知，以養其知之所不知，終其天年而不中道夭者，是知之盛也。雖然，有患。夫知有所待而後當，其所待者特未定也。庸詎知吾所謂天之非人乎？所謂人之非天乎？且有真人而後有真知。

二 注　釋

1.天之所為：天道。

2.人之所為：人道。

3.至矣：最高境界。

4.養：涵養、薰陶。

5.患：有所憂慮。

6.庸詎：哪裡知道。

三 語　譯

　　能夠知道天的作為（天道）並了解人的作為（人事），可說是聰明到了極點了。知道天道的作為，那是順乎自然無知、無覺、無為領悟到的，了解人事的運作，乃是運用他先天的智慧涵養薰陶他所不知道的知識（後天的）。進而能夠保養他的天年，不中途夭折，這就是知識的最高境界。

　　雖然如此，但這其中還是存在著矛盾與憂慮。人們的智慧，一定要有所依憑，方能確定是否妥當；然而智慧所依憑的事物往往不能確定。哪裡知道我所說本於自然的東西，不是出於人為的，以及我原本所說人為的東西，不是出於自然的。況且，有了「真人」方有真知，那麼什麼叫真人呢？

（四）說　明

　　清心寡欲，離形去智，忘卻生死，順應自然，心無所繫，其來其往，皆悠然自得，與天地共生也，到達順物而變，因時而行，天人合一的境界。

　　能如此則無物我之分，無內外之別，死生不關心，古今無縈於懷，渾然淡然，泯其為我、為人、為天，亦忘其為我、為人、為天矣！

第 二 節
何謂眞人

一 原 文

何謂眞人？古之眞人，不逆
寡，不雄成，不謨士。若然者，過
而弗悔，當而不自得也。若然者，
登高不慄，入水不濡，入火不熱。
是知之能登假於道也若此。

古之眞人，其寢不夢，其覺
無憂，其食不甘，其息深深。眞人
之息以踵，眾人之息以喉。屈服
者，其嗌言若哇。其耆欲深者，其
天機淺。

　　古之真人，不知說生，不知惡死；其出不訢，其入不距；翛然而往，翛然而來而已矣。不忘其所始，不求其所終；受而喜之，忘而復之，是之謂不以心捐道。不以人助天。是之謂真人。

　　若然者，其心志，其容寂，其顙頯；淒然似秋，煖然似春，喜怒通四時，與物有宜而莫知其極。

注　釋

1. 逆寡：不以寡為逆。
2. 雄成：不以成功而自雄。
3. 謨士：謨者，求也，求事、求名。
4. 過：錯失。
5. 當：正當其時。
6. 慄：戰慄、害怕。
7. 濡：沾濕。

8. 假：借。

9. 嗌：口之隘口，即喉頭。

10. 哇：阻礙。

11. 耆：嗜也。

12. 說：同悅。

13. 惡：討厭、害怕。

14. 訢：同欣，高興、欣喜之意。

15. 距：抵拒。

16. 脩然：無拘無束狀。

17. 所始：所來之處。

18. 所終：所去之處。

19. 受：承受。

20. 捐：喪失。

21. 志：同記，有寄託。

22. 寂：安祥的。

23. 頯：寬廣的。

24. 淒：感傷時。

25. 煗：同暖，喜悅時。

26. 極：窮盡。

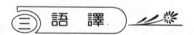 三 語 譯

　　什麼叫做真人？古時所謂的真人，不嫌少，不誇多，不求名，像這樣的人，即使錯過機會也不後悔，趕上了機遇也

不自我得意；像這樣的人即使登上高處亦不戰慄，下到水裡也不會被沾濕，進入火中亦不覺灼熱，只有真知的人，才能通達大道於這樣的地步。

古時所謂的真人，他睡覺時不會做夢，醒來時不會憂慮，他吃東西不求甘美，他的呼吸深長。真人的呼吸深自腳跟，一般人的呼吸淺在喉間。辯論中、理屈時，話語卡在喉間吞吞吐吐。大凡嗜欲深的人，他的天機就淺陋。

古時所謂的真人，他不覺生是可喜的，他也不覺得死亡是痛苦的。因而他出生不欣喜，入死不排斥，常常是無拘無束的走了，自由自在地回來了。不有意的忘懷他的出生，也不刻意地追求死亡（不論生之來源與死的歸宿）。承受上天大自然給他的一切，死亡原是復歸道的本源。不以人為損道，亦不以人為助道。這叫做真人。

若能這樣的話，他心有所寄託，而心平氣和，他的外貌恬淡安祥，他的額頭寬廣端莊；他傷感時有如秋煞；他喜悅時有如春暖，喜怒哀樂與四時相通，與萬物相合，而不知他的窮盡。

（四）說　明

道家口中的真人、至人、神人與聖人。他們對於成敗、生死、動息、夢覺自有其「四十不動心」，不動如山的感覺，已到了登高不慄，入水不濡，入火不熱的境界。

成仙入聖也不過如此而已。是否已進入羽化的程度？其

實說穿了也不難，正是宋朝范仲淹所說的「不以物喜，不以
己悲」而已。但求「先天下之憂而憂，後天下之樂而樂」如
此而已。

第 ◇三◇ 節
死生旦夜之常

一 原 文

死生，命也，其有夜旦之常，天也。人之有所不得與，皆物之情也。彼特以天為父，而身猶愛之，而況其卓乎！人特以有君為愈乎己，而身猶死之，而況其真乎！泉涸，魚相與處於陸，相呴以濕，相濡以沫，不如相忘於江湖。與其譽堯而非桀也，不如兩忘而化其道。夫大塊載我以形，勞我以生，佚我以老，息我以死。故善

吾生者也，乃所以善吾死也。

二 注　釋

1. 旦：白晝。
2. 與：干預。
3. 卓：獨立超絕，高高在上。
4. 愈：超越。
5. 真：真理，亦即道。
6. 呴：吐氣。
7. 濡：濕潤。
8. 大塊：即大自然，特指大地。
9. 載：承載。
10. 形：形體。
11. 勞：勞苦，辛勞。
12. 佚：安逸。
13. 息：安息。

三 語　譯

　　死和生出於天命，猶如夜晚與白天之交替著。是人所不能干預的，是大自然的常理常情。

　　人們總是把天看作生父那樣愛戴他；那麼那個比天還高

的道呢？人們總是把國君看得比自己高，終身為之效死，那麼那個比國君還高的道呢？

當泉水乾涸時，魚兒猶如相處於陸地中，彼此以濕氣互吐，以唾沫互潤；那倒不如在江湖裡相互遺忘。就如同與其贊譽堯舜而相互譴責紂桀，不如把他們兩相遺忘，融化混同於「道」中。

大自然生我成形於大地，勞苦我以生存，安逸我以老邁，安息我以死亡。有生就有死，兩者我都要善待他。

（四）說　明

生、死、勞、逸，富、貴、貧、賤。都是天生命定的，絲毫由不得人，我人都應坦然接受無怨無悔，並細細品味，欣賞你這難得的「生之考驗」「死之歸屬」……那種「以天下國家為己任」，「時代考驗青年，青年創造時代」，「天降大任於斯人也……」只是虛無的海市蜃樓，讓你奔波一生，最後還是「歸零」，你果真救了那個國，濟了那群民，無非吹皺了一池春水，動亂了原本平靜無波的世界。

第 ◇四◇ 節

有情無信、無爲無形

一 原文

　　夫道，有情有信，無爲無形；可傳而不可受，可得而不可見；自本自根，未有天地，自古以固存；神鬼神帝，生天生地；在太極之先而不爲高，在六極之下而不爲深，先天地生而不爲久，長於上古而不爲老。

　　狶韋氏得之，以挈天地；伏戲氏得之，以襲氣母；維斗得之，終古不忒；日月得之，終古不息；堪坏

坏得之，以襲崑崙；馮夷得之，以遊大川；肩吾得之，以處大山；黃帝得之，以登雲天；顓頊得之，以處玄宮；禺強得之，立乎北極；西王母得之，坐乎少廣，莫知其始，莫知其終；彭祖得之，上及有虞，下及五伯；傅說得之，以相武丁，奄有天下，乘東維，騎箕尾，而比於列星。

二 注　釋

1. **太極**：太極生兩儀，兩儀而四象，四象生八卦……意即在天地未形成之前。

2. **六極**：又稱六合，上、下、前、後、左、右，六個極限。

3. **挈**：掌控，統御。

4. **伏戲**：即伏羲式，又作宓羲，相傳他畫八卦。

5. **襲**：調和。

6. **氣母**：元氣之母。

7. **維斗**：北斗星所構成的一個星系。

7. **不忒**：不差錯。

8. **息**：同熄。

9. **大山**：同太山，即泰山。

三 語 譯

　　這道啊！在理論上是真實、確定而可信的，但在實質上是無為而又無形的，可心領而不能實受，可意會而不可眼見的；道原有其本，自有其根，在未有天地之前的遠古時代，即已存在著；他引出鬼神，產生天地；他生在太極之上，並不算高，他長在六極之下，並不算深。先天地之生也不算久，長於上古，也不算老。

　　狶韋氏得到他，用以掌控天地；伏羲氏得到他，用以調和元氣；北斗星辰得到他，永不移位；日月得到他，永久運轉不息；堪坏山神得到他，入主崑崙；馮夷水神得到他，用以巡遊江河；肩吾得到他，用以駐守泰山；黃帝得到他，用以登雲天；顓頊得到他，用以處玄宮；禺強得到他，用以立足北極；西王母得到他，用以坐陣少廣山。沒有人知道這道起自何時，終於何時。彭祖得到他，從虞舜時代活到春秋五霸時期；傅說得到他，輔相武丁，統有天下，死後，駕車維，附箕尾，與眾星並列。

（四）　說　明

　　道是至高無上的。道是無為、無欲、無爭；道是無相、無聲、無形；道是無私、無我，無形；道是無名、無有、無華。請參考老子《道德經》以下各章：

1.「道可道，非常道。」（《道德經・第一章》）

2.「道常無為，而無不為。」（《道德經・第三十七章》）

3.道乃「視之不見，聽之不聞，搏之不得。」（《道德經・第十四章》）

4.「道之出言：淡乎其無味，視之不足見，聽之不足聞，用之不可既。」（《道德經・第三十五章》）

5.「道沖，而用之或不盈。淵兮似萬物之宗；湛兮似或存。吾不知誰之子，象帝之先。」（《道德經・第四章》）

6.「道常無名，……天下莫能臣之。」（《道德經・第三十二章》）

7.「大道泛兮，其可左右，萬物恃之以生而不辭，功成而不名有；衣被萬物而不為主。」（《道德經・第三十四章》）

8.「故道大、天大、地大、王亦大。……人法地，地法天，天法道，道法自然。」（《道德經・第二十五章》）

9.「孔德之容，唯道是從，道之為物，惟恍惟惚。」（《道德經・第二十一章》）

10.「知常容，容乃公，公乃全，全乃天，天乃道，道
乃久，沒身不殆。」(《道德經‧第十六章》)

第 ◇五◇ 節
攖寧之謂

原　文

　　南伯子葵問乎女偊曰：「子之年長矣，而色若孺子，何也？」曰：「吾聞道矣。」南伯子葵曰：「道可得學邪？」曰：「惡！惡可！子非其人也。」

　　夫卜梁倚有聖人之才而無聖人之道，我有聖人之道而無聖人之才，吾欲以教之，庶幾其果為聖人乎；不然，以聖人之道告聖人之才，亦易矣。

　　吾猶守而告之，參日而後能外天下；已外天下矣，吾又守之，七日而後能外物；已外物矣，吾又守之，九日而後能外生；已外生矣，而後能朝徹；朝徹，而後能見獨；見獨，而後能無古今；無古今，而後能入於不死不生。

　　殺生者不死，生生者不生。其為物，無不將也，無不迎也；無不毀也，無不成也。其名為攖寧。攖寧也者，攖而後成者也。

二　注　釋

1. 攖：拂也，干擾之意。
2. 寧：安寧、安定。
3. 南伯子葵：即〈齊物論〉中的南郭子綦。古之得道者。伯乃尊稱。

4. **女偊**：另一得道者。

5. **色**：顏色、容顏也。

6. **庶幾**：差不多，意即很快。

7. **不然**：不是這樣嗎？

8. **朝徹**：如朝陽般的清澈明朗。

9. **獨**：獨具慧眼地領悟到了道。

10. **殺生者**：毀滅生命者。

11. **生生者**：創造生命者。

12. **將**：送別。

13. **迎**：迎接。

14. **毀**：毀滅。

15. **成**：成就。

三　語　譯

　　南伯子葵問女偊說：「你有一把年紀了，可是你的容顏外貌卻像孩童一樣，這是什麼原因啊？」女偊回說：「我得道了！」南伯子葵問：「道，可以學習而得嗎？」女偊回答說：「什麼！怎麼可以？你不是那種可以學道的人。」

　　卜梁倚這個人，有聖人明敏之才質，但無聖人淡泊之心境；我有聖人淡泊之心境，但無聖人明敏之才質；我想用淡泊之心來教導他，那麼很快就可以成為聖人了，以聖人淡泊之心，加上聖人明敏之才，很容易得道的，不是這樣嗎？

　　於是，我開示了他，並為他加持。三天之後，他便能置

天下於度外，既已把天下置之度外；我又替他加持，七天之後，他便能置萬物於度外；既已把萬物置之度外，我又替他加持，九日之後，他能把生命置之度外；既已把生命置之度外，我又替他加持，然後心境，便如朝陽般的清澈開朗；心境既已清澈開朗，然後便能領悟那獨一無二的道；既已感受到了道，就能超越古今；能超越古今；然後入於不死不生，涅槃的境界。

　　對於生命，道是生命的毀滅者，道也是生命的創造者；對於萬物，道是萬物的送終者，道是萬物的接迎者。因而，道毀滅萬物，道也創造萬物。這道的名字就叫攖寧。所謂「攖寧」，就是先干擾（攖）它，挑動它，然後才使它安寧、寧靜自如。

（四）說　明

　　佛曰：「我執。」吾人事事敗在此兩字。當有個「我」在先，有我則有人、有物、有天；於是我是我，人是人，物是物，天是天，分別出許多界限歧見來，此時禍亂相尋，人事不寧也。當你能把「自我」置之度外，一切均能秉公而行，達於至善，當你把「自我」擺第一時，天下無不由此而亂矣！

第 ◇六◇ 節
莫逆之交

一　原　文

　　子祀、子輿、子犁、子來四人相與語，曰：「孰能以無為首，以生為脊，以死為尻，孰知生死存亡之一體者，吾與之友矣。」四人相視而笑，莫逆於心，遂相與為友。

二　注　釋

1. 子祀、子輿、子犁、子來：《莊子》寓言中虛構的四人物。
2. 相與語：四人談天說地。
3. 尻：脊椎之尾端，古漢語叫：尻窮，即尾椎。
4. 相視：你看著我，我看著你。

5.莫逆：不違背。

6.相與為友：相交互為朋友。

（三）語　譯

　　子祀、子輿、子犂、子來四人在一塊兒談天。說：「誰能把『虛無』當作首，『生存』當作背脊，『死亡』當作尾椎；誰能了然於生死存亡，同屬於一體者，我就和他做朋友。」四人八目相視而笑，心意相契，於是互結為好朋友。

（四）說　明

　　「君子之交淡若水，小人之交甜如蜜」。此四人情同淡水，意存虛玄，看破生死，看穿人情，有如首、脊、尻，本是一體：自「無」到「生」，自「生」到「死」，永為一體，不可分割、分離。

第〈七〉節
方外方內

一　原　文

　　子桑戶、孟子反、子琴張三人相與友，曰：「孰能相與於無相與，相為於無相為？孰能登天遊霧，撓挑無極；相忘以生，無所終窮？」三人相視而笑，莫逆於心，遂相與友。

　　莫然有閒而子桑戶死，未葬。孔子聞之，使子貢往待事焉。

　　或編曲，或鼓琴，相和而歌曰：「嗟來桑戶乎！嗟來桑戶乎！

而已反其真，而我猶為人猗！」子貢趨而進曰：「敢問臨尸而歌，禮乎？」二人相視而笑曰：「是惡知禮意！」

子貢反，以告孔子，曰：「彼何人者邪？修行無有，而外其形骸，臨尸而歌，顏色不變，無以命之。彼何人者邪？」孔子曰：「彼，遊方之外者也；而丘，遊方之內者也。外內不相及，而丘使女往弔之，丘則陋矣。」

彼方且與造物者為人，而遊乎天地之一氣。彼以生為附贅縣疣，以死為決疣潰癰，夫若然者，又惡知死生先後之所在！假於異

物，託於同體；忘其肝膽，遺其耳目；反覆終始，不知端倪；芒然彷徨乎塵垢之外，逍遙乎無為之業。彼又惡能憒憒然為世俗之禮，以觀眾人之耳目哉！」

　　子貢曰：「然則夫子何方之依？」孔子曰：「丘，天之戮民也。雖然，吾與汝共之。」子貢曰：「敢問其方。」孔子曰：「魚相造乎水，人相造乎道。相造乎水者，穿池而養給；相造乎道者，無事而生定。故曰，魚相忘乎江湖，人相忘乎道術。」

　　子貢曰：「敢問畸人。」曰：「畸人者，畸於人而侔於天。故

曰ㄩㄝ，天ㄊㄧㄢ之ㄓ小ㄒㄧㄠ人ㄖㄣ，人ㄖㄣ之ㄓ君ㄐㄩㄣ子ㄗ˙；人ㄖㄣ之ㄓ君ㄐㄩㄣ

子ㄗ˙，天ㄊㄧㄢ之ㄓ小ㄒㄧㄠ人ㄖㄣ也ㄧㄝ˙。」

二 注　釋

1. **相與**：與、親近，相互親近。

2. **相為**：為，作為，相互幫助。

3. **撓挑**：孈佻也。逍遙跳躍。

4. **無極**：無極太空之中。

5. **漠然**：驀然，意外之意。

6. **有間**：過了一段時日。

7. **使**：音ㄕ˙，派。

8. **待事**：料理事情。

9. **而**：你。

10. **猗**：同「已」，而已之意。

11. **命**：名之。

12. **方**：世俗方域之內。

13. **女**：同「汝」。

14. **人**：親近為伍。

15. **縣**：同「懸」。

16. **疣**：疔疽之類的腫瘡。

17. **端倪**：終端與倪始。

18. **芒然**：即「茫然」。

19. **憒憒然**：煩亂狀。

20. **戮民**：被刑戮制裁之人。

21. **方**：方法、方策。

22. **侔**：合於。

三 語 譯

　　子桑戶、孟子反、子琴張三人相交為友，互約互信：「誰能在互親的關係，不露親近的痕跡，誰能在互助關係，不刻意現出作為。誰能把心神昇華於九天雲霧之外，遨遊跳躍於無極之中，忘卻肉體生命之終結與窮盡？」三人相視會心而笑，心心相契，成了至交。

　　過了不久，突然間子桑戶死了，尚未下葬。孔子得知，派弟子子貢前去幫忙料理喪事。

　　子貢見孟子反、子琴張二人，一個在編曲，一個在彈琴，正應和著唱歌：「哎呀，子桑戶啊！哎呀，子桑戶啊！你已褪了形骸，返璞歸真而去；而我仍然托載形骸，活著為人啊！」子貢聽了趨前質問：「我請問你們對著死人的遺體而高聲歌唱，這合乎禮儀嗎？」二人相視而笑：「你這人懂什麼禮儀？」

　　子貢返回後，把見到的情景，告訴孔子說：「他們是什麼樣的人？自身不懂修身養性，把形骸置之度外，面對著死屍還唱歌作樂，面不改色，我真的無法形容他們，他們究竟是什麼樣的人？孔子說：「他們是方外──超脫世俗之外之

人，而我則是方內——寄託於世俗之內之人。方外和方內的
人，彼此不相往來，我卻讓你去弔喪，實在是我的疏忽
啊！」

　　他們方外人士，將與造物者結伴為伍，逍遙於天地之元
氣中。他們把生命當作累贅瘤腫般的多餘，卻把死亡當腫消
癰破般的解脫。像這樣的人，又怎會顧慮到死生循環的先後
秩序呢！他們假借身軀當作精神寄託的異物；忘掉體內的肝
膽等五臟，忘掉他們外在的耳目五官；把生死看作是循環往
復，既無開端，亦無終端。他們茫茫然徘徊於人世塵垢之
外，他們逍遙自在於無為的情景之中，他們又怎會自尋煩惱
地炮製世俗的禮儀，去吸引眾人的耳目。」

　　子貢問：「那麼先生是依循何方之人——方外、方內？」
孔子說：「我丘某是負有天刑之罪人。即使這樣，我還是要
你們一齊去追求天道的人。子貢說：「請問追求天道的方
法。」孔子回答道：「魚兒爭相赴水，人們爭相求道。爭相
赴水的魚，只消掘地成池，便給養充裕悠遊自在，忘情一切
人們入於道術，則得以逍遙物外，忘卻生死。」

　　子貢說：「再冒昧請教什麼是畸人。」孔子回說：「所
謂畸人，就是不同於世俗，卻又合於天道之人。所以說：被
世俗禮教束縛的人，是天道的小人，卻是人道的君子，反之
世俗之君子，卻是天道之小人。」

（四）說　明

　　「方」這個框框害死了多少人？這是對人的精神摧殘。
人人活得不自在，不自由。

　　即或犯罪的人，也有刑期已屆，出獄的一天。但是請問
我們什麼時候，才能擺脫道、德、仁、義、智、信……的
「框框」。

第 〈八〉 節

孟孫才居喪

（一）原　文

　　顏回問仲尼曰：「孟孫才，其母死，哭泣無涕，中心不慼，居喪不哀。無是三者，以善喪蓋魯國。固有無其實而得其名者乎？回一怪之。」

　　仲尼曰：「夫孟孫氏盡之矣，進於知矣。唯簡之而不得，夫已有所簡矣。孟孫氏不知所以生，不知所以死；不知就先，不知就後；若化為物，以待其所不知之

化已乎！且方將化，惡知不化哉？方將不化，惡知已化哉？吾特與汝，其夢未始覺者邪！

且彼有駭形而無損心，有旦宅而無情死。孟孫氏特覺，人哭亦哭，是自其所以乃。且也相與吾之耳矣，庸詎知吾所謂吾之乎？

且汝夢為鳥而屬乎天，夢為魚而沒於淵。不識今之言者，其覺者乎，其夢者乎？

造適不及笑，獻笑不及排，安排而去化，乃入於寥天一。」

〔二〕注　釋

1.**孟孫才**：魯人，事母至孝。及母死哭泣無涕，衷心無慼，居喪

無哀。人以為善喪。

2. 哭泣涕：聲淚俱下曰哭，無聲有淚曰泣，有聲無淚曰說，淚從鼻出曰涕。

3. 慼：悲戚。

4. 進：超過了。

5. 就：遷就。

6. 化：自然的造化。

7. 惡：怎麼。

8. 旦：通但。

9. 宅：形骸肉體。

10. 乃：順著、隨著。

11. 厲：至，到達。

12. 造：正好碰到。

13. 獻笑：爆出笑聲。

14. 排：安排，主張。

15. 去化：聽任造化。

16. 寥天一：指的是天道。

三 語 譯

　　顏回請教孔子：「孟孫才，他的母親死了，哭泣時沒有一滴眼淚，心中又沒有悲傷的樣子，居喪期間也沒有哀痛的現象，母喪居然「三沒有」，他竟然以善於處理喪事而名聞魯國，他是沒有實際而浪得虛名嗎！我一直覺得很奇怪。」

　　孔子說：這孟孫氏處理喪事，盡善盡美，早已超過了一般人所知道的居喪的禮節了，常人往往因為世俗之念而不能把喪禮簡化，而他已經有所簡化了。孟孫氏把死生置之度外，因而無所謂生，無所謂死；更不知如何去趨附生？如何去趨避死？只知隨著自然的造化而蛻變。而且我想造化，祂卻不化、我想不化，祂偏叫你化，一切聽其自然，絲毫由不得人。只有你我之類的凡人，仍像在夢中似的，尚未覺醒啊！

　　形骸與魂魄一直在互轉交替之中。那些形骸死去的人，卻無損於他們精神的存在，因而孟孫只是悲母形骸之死而不哀母精神之未滅。孟孫氏特別了解「死生一體」之道，故人哭己亦哭，順習隨俗示哀而已，心中並未慟哭。

　　況且世人們每見到自身形體，就自稱「我自己」；其實誰知道這個「我自己」真的屬於我自己的嗎？就如同你常夢見變成一隻鳥翱翔在天空，夢到變成一條魚沉於水底。不知道說這話的人，是醒著呢？還是夢著呢。

　　有時碰到適意時只能心領會而來不及笑，有時發出笑聲卻又不能自主，如果我們能接受自然的造化而推移，那就近於天道了。

四　說明

　　《禮記》有云：「夫祭者，非物自外至者也，自中出生於心也，心怵而奉之以禮，是故唯賢者能盡祭之義。」人死

了不論是「物化」（再善於保存，也不過是一具木乃伊而已）；至於道教所謂的羽化登仙，「余將振衣去，羽化出囂煩。」亦同樣的化為烏有。

　　莊子強調的是「忘形貴德」。軀體之存亡並非首要，精神的永續方是重點，此即老子所說的：「死而不亡者壽。」（《道德經・第三十三章》）孟孫才之居喪，確實掌握了「死生一體」之道。

　　因此，當吾人在世時，不必累積財富，供不肖子孫爭奪揮霍，應當著書立說、垂範後世，這才是「死而不亡者壽」；不然即或在世，亦不過是「活而未埋」之行屍走肉而已。

第 ◇九◇ 節
顏回坐忘

一 原文

　　顏回曰：「回益矣。」仲尼曰：「何謂也？」曰：「回忘仁義矣。」曰：「可矣，猶未也。」它日，復見，曰：「回益矣。」曰：「何謂也？」曰：「回忘禮樂矣。」曰：「可矣，猶未也。」它日，復見，曰：「回益矣。」曰：「何謂也？」曰：「回坐忘矣。」仲尼蹴然曰：「何謂坐忘？」顏回曰：「墮肢體，黜聰明，離形去知，同

於山大於通去，此片謂於坐忍忘去。」仲忠尼シ曰世：
「同去則Pe無於好公也世，化公則Pe無於常忠也世。而ル果公
其シ賢Tㄢ乎ㄇㄨ！丘ㄑㄧ也世請Ｆ從去而ル後公也世。」

三 注 釋

1. 益矣：有了長進。
2. 蹴然：驚異不安狀。
3. 墮：毀去。
4. 黜：排除。
5. 離形去知：離開身軀，拋棄智慧。
6. 大通：大道，天道也。
7. 同：認同。
8. 化：順化。
9. 常：固著、固執。
10. 而：你也。

三 語 譯

　　顏回告訴孔子說：「我有了長進了！」孔子說：「怎麼
個長進法？」顏回說：「我已經忘卻了仁義。」孔子說：
「好唄，不過還是不夠的！」過了幾天又見到孔子，說：

「我又有長進了！」孔子說：「怎麼個長進法？」顏回說：「這次我忘卻了禮樂了。」孔子說：「好啊，不過還是不夠的。」過了幾天顏回再次拜見孔子說：「我再度長進了。」孔子問道：「又是怎麼個長進法？」顏回說：「我『坐忘』了我的形骸了！」孔子聽了，現出驚訝不安的問道：「什麼叫坐忘？」顏回回答道：「遺忘肢體，放棄智巧，與天道相契，這『『離形去知』』，就是我所說的坐忘啊！」

　　孔子說：「與萬物合一，就沒好惡的私心；隨萬物而化，就不固執了，你果真成了賢人了，我也跟隨你學習吧！」

（四）說　明

　　「坐忘」乃是大宗體的道體，其細目為：1.墮肢體；2.黜聰明；3.離形；4.去知。這正是老子所說的：「視之不見，名曰夷；聽之不聞，名曰希；搏之不得，名曰微。」（《道德經・第十四章》）

第十節

貧富是命

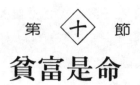

一 原 文

　　子輿與子桑友，而霖雨十日。子輿曰：「子桑殆病矣！」裹飯而往食之。

　　至子桑之門，則若歌若哭，鼓琴曰：「父邪！母邪！天乎！人乎！」有不任其聲而趨舉其詩焉。

　　子輿入，曰：「子之歌詩，何故若是？」曰：「吾思夫使我至此極者，而弗得也。父母豈欲吾貧哉？天無私覆，地無私載，天地豈

私ㄙ 貧ㄆㄧㄣˊ 我ㄨㄛˇ 哉ㄗㄞ？ 求ㄑㄧㄡˊ 其ㄑㄧˊ 為ㄨㄟˊ 之ㄓ 者ㄓㄜˇ 而ㄦ 不ㄅㄨˋ 得ㄉㄜˊ 也ㄧㄝˇ。然ㄖㄢˊ 而ㄦ 至ㄓˋ 此ㄘˇ 極ㄐㄧˊ 者ㄓㄜˇ，命ㄇㄧㄥˋ 也ㄧㄝˇ 夫ㄈㄨˊ！」

二　注　釋

1. 友：友善、友好。
2. 霖雨：細雨綿綿曰霖。
3. 殆：大概，可能。
4. 裹：包裹，裹飯，帶了個飯包。
5. 食：餵食。
6. 任：勝任。
7. 趨：屢屢，急促。
8. 舉：展示。
9. 覆：覆蓋。
10. 載：承載。
11. 私：單單，獨自。
12. 為之：孰為為之。
13. 此極：這個地步，這個境界。

三　語　譯

　　子輿與子桑是好朋友，有次綿綿細雨連續下了十幾天，子輿心中懸念不已說：「子桑大概餓病了罷！」子輿帶著飯

包送去給他吃。

到了子桑家門口，聽見子桑在屋裡像是在唱歌，又像是在哭泣，同時彈琴而唱：「是父親呢？母親呢？老天呢？還是眾人呢？」一種氣力衰微不勝其聲，卻又斷續顫抖地表達出他心中意念。

子輿進入屋子說：「你吟詩？還是在唱歌？怎麼會是這個樣子呢？」子桑回答說：「我一直在想，是什麼使我淪落到這步田地，而不可得，是父母願意使得我這般貧困？人說『天無私覆，地無私載』，那麼天地又為什麼讓我獨個兒貧困呢？我之所以這樣貧困，連我自己都找不到原因啊！那麼我之所以到這個窮困的地步，也只好歸於命運啊！」

（四）說　明

子桑只知「天無私覆，地無私載」卻不知「造物無物，有物自造」的道理。太陽固然普照大地，生生萬物不息，但你也得「移尊就駕」在陽光下，切不可躲在陰暗處，一心巴望「山頭斜照卻相迎」（蘇軾〈定風波〉）的落日餘暉。

《第七章》

應
帝
王

〈章旨〉

「應」是回應的意思。什麼樣的人才能符合作為帝王之條件，這是莊子的政治論，儘管莊子不想從政，他視楚王之邀約為糞土（見〈秋水篇〉），但是他還是有政治思想，大道無言，而滋生萬物；為政之聖主自當：順天應人，無為而治；民之所欲，常在我心而已。

現今有些政治人物，成天的叫囂漫罵，呼天搶地要這要那。其結果弄得人心惶惶，經濟衰退，民不聊生，大家腹肚扁扁，還要選扁。今後，我們對政治人物真的要「聽其言，觀其行」，然後才「投其票」。

第 一 節
超脫於物我之外

一 原 文

　　齧缺問於王倪，四問而四不知。齧缺因躍而大喜，行以告蒲衣子。蒲衣子曰：「而乃今知之乎？有虞氏不及泰氏！有虞氏，其猶藏仁以要人；亦得人矣，而未始出於非人。泰氏，其臥徐徐，其覺于于；一以己為馬，一以己為牛；其知情信，其德甚真，而未始入於非人。」

二 注 釋

1.而：你。
2.有虞氏：指虞舜，古之聖君。
3.泰氏：太昊伏羲氏。
4.要：要約指籠絡。
5.非人：指物，萬物。
6.于于：于通「愉」，悠然自得狀。
7.信：信實，不假。

三 語 譯

　　齧缺問事於王倪，四問四不知，齧缺因而跳了起來大喜過望，前去告知蒲衣子。

　　蒲衣子說：「你今天應該知道了罷！虞舜比不上伏羲氏，虞舜懷仁義之心，巴結人民，也算是得了民心，可是他不能超脫物外；至於泰氏，睡眠時安適寬舒，醒時優游自得；一會兒把自己當作馬，一會兒把自己當作牛，他的才思真實不虛；他的德行純真可信，始終不入於『物我之辨』之困。」

（四） 說　明

　　帝王何以治天下？對曰：無須治，明王之治，端在無為。老子曰：「以正治國……，以無事取天下。」其要目為：「我無為而民自化，我好靜而民自正，我無事而民自富，我無欲而民自樸。」（《道德經・第五十七章》）

　　老虎與獅子，牠們有什麼可怕？牠們除了肚子餓時不得已吃人之外，一無傷害；而人呢？「表相」上他不吃人，但在「裡相」，他用「理想」、「宗教」、「政治」、「騎士精神」、「紳士派頭」……吃一堆不相干的人。"There is not much harm in a lion; he has no ideals, no religion, no politics, no chivalry, no gentility."（George Bernard Shaw, 1856～1950）

第二節
無為自治

（一）原文

　　肩吾見狂接輿。狂接輿曰：「日中始何以語女？」肩吾曰：「告我君人者，以己出經式義度，人孰敢不聽而化諸！」

　　狂接輿曰：「是欺德也；其於治天下也，猶涉海鑿河而使蚊負山也。夫聖人之治也，治外乎？正而後行，確乎能其事者而已矣。

　　且鳥高飛以避矰弋之害，鼷鼠深穴乎神丘之下以避熏鑿之

患ㄏㄨㄢ，而ㄦ曾ㄗㄥ二ㄦ蟲ㄔㄨㄥ之ㄓ無ㄨ知ㄓ！」

注　釋

1. **肩吾**：人名。
2. **狂接輿**：人名。
3. **日**：日前。
4. **中始**：人名，肩吾師。
5. **君人者**：治理人者。
6. **經、式、義、度**：猶言法規、典章、禮儀、制度。
7. **化**：教化。
8. **欺**：虛偽。
9. **外**：外人、別人。
10. **正**：端正，正己。
11. **能其事者**：各盡所能，各遂其事。
12. **矰弋**：弋，箭也；矰弋：繫有彩繒的短箭。
13. **神丘**：神壇下的土丘。
14. **曾**：竟然，難道。

語　譯

　　肩吾拜見楚國隱士狂接輿先生，狂接輿問他：「日前你老師中始如何教你治理一個國家？」肩吾回答道：「他告訴

我，身為國君的人，只消按照己意，定出一些法規、典章、禮儀、制度，誰敢不聽從，而接受教化。」

狂接輿說：「這是虛偽不實的治理方法啊！這樣子的治理天下，猶如徒步下海、空手鑿河道，外加教蚊子背負一座大山一樣的不切實際。這聖人治理天下，難道只治理社會的表象嗎？必也己身正而後百姓隨其性，各盡所能，各遂其事而已。

鳥兒尚知高飛以避弓箭之矢；老鼠尚知深藏於神壇土丘下的洞穴來逃避煙熏斧掘的災禍；你竟然以為像鳥鼠那樣的小動物都無法順應環境求生存之本能嗎？」

（四）說　明

一再強調國不須治，單憑法律、罰則，無以治天下，因為：「天下多忌諱，而民彌貧；民多利器，國家滋昏；人多技巧，奇物滋起；法令滋彰，盜賊多有。」（《道德經·第五十七章》）

第 ＜三＞ 節

清靜無爲

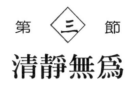

（一）原　文

　　天根遊於殷陽，至蓼水之上，適遭無名人而問焉，曰：「請問為天下。」無名人曰：「去！汝鄙人也，何問之不豫也！予方將與造物者為人，厭，則又乘夫莽眇之鳥，以出六極之外，而遊無何有之鄉，以處壙埌之野。汝又何帠以治天下感予之心為？」又復問。無名人曰：「汝遊心於淡，合氣於漠，順物自然而無容私

焉，而天下治矣。」

注 釋

1. 天根：人名。

2. 殷：地名。

3. 陽：南面，山南水北曰陽，山北水南曰陰。

4. 適：正。

5. 為：治理。

6. 豫：同「愉」。

7. 厭：倦也。

8. 莽眇：清虛狀，猶渺茫也。

9. 何有：烏有。

10. 六極：六合之內。

11. 壙垠：開闊。

12. 帠：作為。

語 譯

　　天根遊於殷山之南，來到蓼水河邊，正遇著無名氏向他求教，說：「請問治理天下的事。」無名氏說：「滾開，你這個見識淺陋的人，為何一開口就問這不愉快的事兒？我正打算與造物主結伴；厭倦時，我便乘坐那如飛鳥般的渺茫之

氣，出於天地四方之外，遊於烏有之鄉，居於開闊無邊無際
的野外，你又何必拿治理天下的煩瑣之事來煩我？」天根再
次請示，無名氏道：「你只要淡泊你心，恬靜你氣（神形皆
虛），順著物性的自然，不容私心干預，那麼天下即可平治
矣！」

（四）說　明

　　前一節論國無須治，此節進一步論天下亦無須治……。
　　「為無為，事無事，味無味。」（《道德經‧第六十三章》）
把無為當「作為」，把無事當「作事」，把無味當「滋味」，
天下還會有事嗎？
　　試試看，煮一樣食物，不加任何調味料，吃出它的「原
味」來！反之，加了許多調味品，煮出來的東西，反而「味
無味」了。

第 ◇四◇ 節

功成不居

一 原 文

　　陽子居見老聃，曰：「有人於此，嚮疾彊梁，物徹疏明，學道不勌。如是者，可比明王乎？」

　　老聃曰：「是於聖人也，胥易技係，勞形怵心者也。且也虎豹之文來田，蝯狙之便、執斄之狗來藉。如是者，可比明王乎？」

　　陽子居蹴然曰：「敢問明王之治。」老聃曰：「明王之治：功蓋天下，而似不自己，化貸萬物

而ㄦ民ㄇㄧㄣ弗ㄈㄨ恃ㄕ；有ㄧㄡ莫ㄇㄛ舉ㄐㄩ名ㄇㄧㄥ，使ㄕ物ㄨ自ㄗ喜ㄒㄧ；

立ㄌㄧ乎ㄏㄨ不ㄅㄨ測ㄘㄜ，而ㄦ遊ㄧㄡ於ㄩ無ㄨ有ㄧㄡ者ㄓ也ㄧㄝ。」

二　注　釋

1. 陽子居：陽朱，字子居。
2. 嚮疾：疾，快也；反應快。
3. 彊梁：梁，跳也，強勇敏捷。
4. 物徹：事物的道理徹底了解。
5. 疏明：疏者，通也，通明之意。
6. 勌：倦也。
7. 胥：胥吏。
8. 易：治理。
9. 技：技藝。
10. 係：通「繫」。
11. 怵：驚駭。
12. 文：花紋。
13. 田：田獵，射殺之意。
14. 便：便捷，敏銳。
15. 麋：狸。
16. 藉：繫也。
17. 蹴然：蹙然。
18. 化貸：化育。

19. 怙：源頭。

（三） 語　譯

　　陽子居拜見老子聃，說：「倘若現在有這麼一個人，他反應敏捷、強勇果決；洞察事務準確透徹；進而學道精進，了無倦怠。像這樣的人，可比於明王聖主嗎？」

　　老聃回答說：「像這樣的人，對於明王聖主來講，只不過是個技術官僚、勞心勞力的人而已。況且虎豹是由於牠美麗的花紋被獵殺；獼猴由於善於跳躍，狗由於長於捕狸狐，——被頸繩所繫，像這樣的動物，怎麼可與明王聖主所比擬。」

　　陽子居聽了，面色慘綠，正襟危坐，虛心討教道：「那麼明王聖主是如何的治理天下呢？」老聃說：「聖哲之治理天下，功績普蓋天下，不以為出於己功；教化普及萬物，而百姓卻不知其來自何處；有大功卻無從列舉，讓人稱述；立於高深莫測地位，生活在不存在的世界裡。」

（四） 說　明

　　此乃老子：「聖人處無為之事，行不言之教。萬物作焉而不辭，生而不有，為而不恃，功成弗居。」（《道德經‧第二章》）聖人無為之道之發揚。

第 ⟨五⟩ 節
用心若鏡

(一) 原 文

　　無為名尸，無為謀府；無為事任，無為知主。體盡無窮，而遊無朕；盡其所受乎天，而無見得，亦虛而已。

　　至人之用心若鏡，不將不迎，應而不藏，故能勝物而不傷。

(二) 注 釋

1. 尸：主也。
2. 府：住所。
3. 任：任性所為。
4. 主：主宰。

5.朕：徵兆。

　　不要成為名譽的寄託主，不要成為謀慮的居住所；不要
專斷的任事；不要成為事物的主宰。體悟真道之無窮，從不
表露亦不自得，保全天賦予之本性——心地空虛無物。

　　「至人」之用心，有如一面鏡子，對於萬物，來者即
照，去者不留，反映而不隱藏，所以能夠應接萬物，不勞心
神，亦不為物所傷。

　　「虛無」乃是器與道、有與無的分界。故老子曰：
「無，名天地之始；有，名萬物之母。」(《道德經・第一章》)
老子進一步的說明：「三十幅，共一轂，當其無，有車之
用；埏埴以為器，當其無，有器之用；鑿戶牖以為室，當其
無，有室之用。故有之以利，無之以為用。」

第 ◇六◇ 節

渾沌之死

一 原 文

　　南海之帝為儵，北海之帝為忽，中央之帝為渾沌。

　　儵與忽時相與遇於渾沌之地，渾沌待之甚善。

　　儵與忽謀報渾沌之德，曰：「人皆有七竅以視聽食息，此獨無有，嘗試鑿之。」日鑿一竅，七日而渾沌死。

二 注 釋

1.儵：同「倏」，當快速講。

2. 忽：也是快速之意。
3. 渾沌：無知無覺，純樸自然。
4. 時：時常。
5. 待：款待，待遇。

（三）語　譯

　　南海帝叫儵，北海帝叫忽，中海帝名渾沌。

　　儵忽兩帝常到渾沌帝處相會；渾沌帝款待兩人十分周到。

　　兩帝商量想報答渾沌之厚德說：「人人都有眼、耳、口、鼻等七個孔竅，用來盡其視、聽、味、嗅等四覺的享受；唯獨渾沌沒有，我們試著為他鑿開七竅以為報答他對我們的美意。」

　　他們每天為渾沌帝鑿一孔竅，鑿了七天，渾沌也就死亡了。

（四）說　明

　　「聖人處無為之事，行不言之教，萬物作焉而不辭，生而不有，為而不恃，功成而弗居，夫唯弗居，是以不去（不會消滅）」（《道德經・第二章》），這南北海兩帝一心想要「有為」，有意想要「居功」，更望得到「口碑」結果，活活的把「渾沌」中海帝整死，標準的「欲速不達」（南北兩海

帝分別叫「儵」與「忽」），寄於現代「新興父母」不要再逼
孩子們學這、學那的，想「贏在起跑點上」，結果把孩子逼
到犯憂鬱症，逼得孩子上吊自殺，不要把子女當作財產，他
們只是上帝暫時寄託在我家而已。對子女「放牛吃草」多一
點「無為」。

國家圖書館出版品預行編目資料

莊子內篇新解讀／韓廷一注譯, -- 初版. -- 臺
北市：萬卷樓, 2006[民 95]
面； 公分
ISBN 957－739－556－2 (平裝)

1. 莊子－註釋

121.331 95001276

莊子內篇新解讀

注　　譯：韓廷一

發 行 人：許素真

出 版 者：萬卷樓圖書股份有限公司

　　　　　臺北市羅斯福路二段 41 號 6 樓之 3

　　　　　電話(02)23216565・23952992

　　　　　傳真(02)23944113

　　　　　劃撥帳號 15624015

出版登記證：新聞局局版臺業字第 5655 號

網　　址：http://www.wanjuan.com.tw

E－mail ：wanjuan@tpts5.seed.net.tw

承 印 廠 商：晟齊實業有限公司

定　　價：180 元

出 版 日 期：2006 年 2 月初版

ISBN 957－739－556－2